Pierre Antilogus
Philippe Trétiack

OUI, VOUS POUVEZ DEVENIR JOURNALISTE EN 45 MINUTES CHRONO

NiL éditions

ISBN : 978-2-84111-352-1

Aimeriez-vous qu'on vous écoute quand vous parlez ? Aimeriez-vous gagner en influence, accéder à la reconnaissance sociale, devenir une autorité morale, une référence ? Souhaitez-vous qu'on boive vos paroles, qu'on sollicite vos avis en famille, au bureau, au bistro du coin où trop souvent, hélas, on ne vous laisse pas en placer une ? Ne rêveriez-vous pas, vous qui avez du mal à vous faire entendre à la maison, d'élargir votre auditoire, d'être interviewé par téléphone ou en direct, admiré, invité à la Maison-Blanche ? Eh bien, c'est possible.

Il vous suffit d'apprendre à parler le journaliste.

Parler le journaliste, ce n'est pas seulement comprendre, enfin, ce que racontent les journalistes – et donc comprendre que la plupart du temps ils ne disent pas grand-chose –, c'est surtout vous hisser d'un coup dans un monde merveilleux, riche en opportunités, le monde de ceux qui comptent. De ceux qui existent. De ceux qui en profitent un max !

Parler le journaliste, c'est aussi – pourquoi pas ? – l'occasion de décrocher la carte de presse ! Votre carte de presse ! Impossible ? Vous avez tort. Autrefois, bien sûr, devenir journaliste, c'était toute une histoire. Il fallait parler français, savoir lire, avoir des relations, du courage, de l'entregent, s'intéresser aux affaires du monde, aimer les hommes, aller vers eux, négliger sa santé, se casser les ongles sur de vieilles machines à écrire, s'user les yeux sous des néons, s'intoxiquer aux encres, devenir sourd dans le vacarme des rotatives ; il fallait se faire embaucher dans un journal, commencer au plus bas échelon – sous-correcteur à la rubrique nécro –, gravir à la force du poignet les paliers d'une hiérarchie agrippée à ses privilèges ; il fallait s'imposer à des confrères roués, planquer des heures devant Matignon pour obtenir une info minable, être à la fois diplomate, malin, séducteur, bref être le meilleur, l'émule de Tintin et de Chateaubriand, de Jean d'Ormesson et de Jean Daniel...

Aujourd'hui, Dieu merci, tout cela est dépassé. Tout ça, c'est fini ! Aujourd'hui – en journaliste on dirait : « au jour d'aujourd'hui » –, pour être journaliste, il suffit d'avoir son blog sur Internet et de porter un gilet multipoche.

en 45 minutes chrono

Vous avez peu de culture, aucun talent particulier, aucun scrupule, aucune limite et pas grand-chose à dire ? Vous êtes fait pour être journaliste ! La preuve, nous-mêmes, sommes journalistes.

Alors, à vous la grande vie !

En 45 minutes chrono, nous ne vous promettons pas le Pulitzer, ni même le Sulitzer, pas plus que le 20 heures de TF1, mais nous nous engageons à vous apprendre le langage des journalistes, à faire de vous les dignes héritiers de toute une tradition de fouinards, de plumitifs et de « fouille-merde » – au sens le plus noble du terme cela va sans dire.

Ne nous remerciez pas... Déclenchez plutôt le chrono.

Précision : nous ne fournissons pas le gilet multi-poche.

Leçon 1

TORDONS LE COU À QUELQUES IDÉES REÇUES

On entend dire bien des choses sur le métier de journaliste, et on en imagine de plus folles encore ! Le futur détenteur de la carte de presse doit savoir à quoi s'en tenir... Il est temps d'en finir avec les bobards – en journaliste on dira : « de faire fi des allégations mensongères » –, il est temps de dire haut et fort ce qu'il en est vraiment d'une profession sujette à bien des faussetés.

Les journalistes sont tous des vendus

Soyons logiques. Alors que presque plus personne n'achète les journaux, qui achèterait un journaliste ? La question qui préoccupe la profession n'est pas de savoir qui est vendu, mais de savoir ce qu'on va faire des invendus. Cependant – en journaliste on dirait : « toutes choses étant égales par ailleurs » –, le confrère qui sue sang et eau pour redorer le blason de dictateurs comme

Fidel Castro ou Saddam Hussein ne mérite-t-il pas d'être payé de ses efforts ? Argent liquide ou barils de pétrole, toute rétribution est bien venue.

Les journalistes « bidonnent »

Difficile de le nier. Déjeuner d'affaires, cocktails, grands restaurants, bonnes bouteilles, le professionnel en effet a tendance à prendre du bide... Dans ce sens – et dans ce sens seulement – on peut dire qu'il bidonne.

Le journaliste vit de la misère du monde

Injuste. Ferait-on ce même reproche aux médecins, chirurgiens, ambulanciers et employés des pompes funèbres, qui tous font leur gras sur le dos des malades, des morts et des endeuillés ? Le journaliste a le devoir de donner toutes les nouvelles, même les mauvaises... Il est vrai qu'il est souvent lui-même très mauvais, et ça ce n'est pas une bonne nouvelle.

Tout journaliste doit écrire pour la « lectrice de Romorantin », censée incarner la lectrice type

Ce n'est plus vrai. La lectrice de Romorantin est malheureusement décédée il y a quelques années. Sa fille avait repris la boutique, mais elle a depuis déménagé à Montceau-les-Mines... Il serait temps qu'on le signale dans les écoles de presse.

Journalistes et hommes politiques, tout ça c'est comme cul et chemise

Vrai. À force de déjeuner ensemble dans les mêmes restaurants, de voyager ensemble dans les mêmes avions ministériels, de se tutoyer, de blaguer ensemble – tout cela aux frais du contribuable –, il se crée une atmosphère de camaraderie, de promiscuité, et plus si affinité... Bien souvent, le journaliste – ou plutôt la journaliste – se retrouve au plumard avec un député, un sénateur, un ministre. Le grand public, au lieu de s'indigner, devrait s'en réjouir, car c'est fréquemment sur l'oreiller qu'on décroche le scoop, l'info « coup de tonnerre », le détail croustillant... Amical coup de chapeau à nos consœurs, qui poussant la conscience professionnelle au-delà de toute limite, à la façon d'Albert Londres, livrent leur corps à des individus qui ne sont pas tous des apollons, loin s'en faut.

Si les journalistes s'appellent « coco » quand ils s'adressent les uns aux autres, c'est qu'ils sont tous communistes

Faux. Chez les journalistes, il y a aussi des trotskistes et des socialistes.

Toutes les plus grandes plumes de la presse ont débuté à la fameuse rubrique des « chiens écrasés »

Faux. Cette rubrique mythique a hélas disparu... Et l'on comprend pourquoi : s'il était autrefois facile d'écraser un caniche sous les pneus de sa R16 ou un basset sous le poids de sa Chambord, les choses ont bien changé. Allez donc écraser un pitbull avec les voitures légères qu'on fait aujourd'hui, Renault Twingo ou Toyota Yaris ! On a vu dernièrement un rottweiller renverser une Smart à un carrefour ! Heureusement, grâce aux aménagements de voirie urbaine façon Delanoë, couloirs de bus à contresens, tramway, banquettes bétonnées et potelets de fonte, on ne compte plus les chocs frontaux. Désormais, dans les grands journaux, le jeune confrère débute à la rubrique des « cyclistes écrasés ».

Les trains qui arrivent à l'heure n'intéressent personne

C'est tout l'inverse. Les trains qui arrivent à l'heure intéressent aujourd'hui énormément de monde, et d'abord les millions de banlieusards qui chaque matin s'entassent comme des bestiaux dans les wagons – et qui sont rappelons-le autant de lecteurs potentiels. Le tout évidemment est de bien vendre l'info... Exemple d'article qu'on aimerait lire plus souvent :

« Hier matin lundi, le TER 2067 en provenance de Vaudreuil-le-Beau est arrivé à l'heure à la gare Saint-Lazare, à la vive stupeur des voyageurs. Que s'est-il passé ? Interviewé à chaud, Henri Labute, le chef de train, ne boudait pas son plaisir.

— Il y a des jours comme ça où tout marche super, a-t-il déclaré. Je ne sais pas quoi vous dire, c'était formidable... la machine donnait à plein, ça roulait à fond... Vraiment super ! Il y a des moments magiques, comme ça, où on est vraiment content de faire ce p... de métier !

— Je n'en reviens pas, confiait à l'arrivée Vanessa Belin, une habituée de la ligne encore fort émue. Il n'y a pas eu d'incident voyageur, pas de grève surprise, pas de suicide sur les voies, rien... C'est la première fois depuis six ans que j'arrive à l'heure à Paris ! Mon patron ne va pas le croire, c'est trop de la balle...

Dernière heure : il s'avère que si le TER 2067 a respecté l'horaire prévu, c'est que le conducteur de la rame a volontairement omis de s'arrêter en gare de Montigny-les-Charbons, où une violente échauffourée opposait plusieurs bandes de jeunes.

— S'arrêter, c'était jouer avec la sécurité des voyageurs, a affirmé le conducteur. Le feu avait pris dans un local technique, il y avait menace d'émanations toxiques...

Il n'y a donc pas eu de miracle sur la ligne Vaudreuil-Saint-Lazare... Mais au final tout s'explique et la logique retrouve ses droits. »

Le journaliste est un ardent défenseur de la langue française

Vrai. Toujours en quête de news, attentif au feed-back, soumis aux contraintes de l'editing, du rewriting, du publishing, soucieux de remettre sa copie avant la dead-line tout en respectant les copyrights, le journaliste met un point d'honneur à respecter la langue de Molière.

La presse française ne va pas bien

Très exagéré. Soutenue à bout de bras par la pub, les subventions d'État, les investissements hasardeux de jeunes managers imprudents – qui souvent y laissent leur chemise –, la profession continue de surfer dans une fiévreuse euphorie... Tandis que le matelas de lecteurs s'effrite, on déjeune chez Lipp, on voyage en business class, on organise des séminaires à la Martinique ! Conseil aux jeunes confrères : profitez-en, le rafiot peut couler d'un instant à l'autre !

Le journalisme est le quatrième pouvoir

Dépassé. Hier faiseur de ministre et tombeur de gouvernement, propagandiste et agent d'influence, l'homme de presse n'est plus qu'un faire-valoir, un animateur, un invité de plateau, un pique-assiette sympathique. Du quatrième pouvoir à la troisième zone, où s'arrêtera la chute ?

Un journal qui meurt, c'est un peu de liberté qui disparaît

Au contraire. Le journaliste sur le pavé se trouve beaucoup plus libre de ses mouvements, il n'a plus à participer aux fastidieuses conférences de rédaction, il peut, grâce à ses indemnités, buller en terrasse... Quant au lecteur, privé de son journal, il est désormais libre de regarder la télévision comme tout le monde.

Résumé de la leçon

Loin des notions fallacieuses et des préjugés archaïques, le journaliste apparaît tel qu'il est : un être de chair et de sang, sympathique et soucieux du bien-être de ses proches. Amoureux du mot juste et du « bien dit », il est aussi grand amateur de plateaux de fruits de mer, qu'il aime à déguster aux meilleures tables.

Leçon 2

COMMENT PONDRE UN ARTICLE, UNE CHRONIQUE RADIO, UNE INTERVENTION PLATEAU

D'abord en gardant son calme et sa bonne humeur. Après tout, ce n'est pas si compliqué... Songez à tous ceux qui ont réussi à passer pour des journalistes avant vous, il y avait dans le lot de sacrées tourtes, des bûches, des mauvais ! Nous ne citerons aucun nom, par courtoisie française, mais tout de même !

Le bon truc : abordez la confection de votre article avec décontraction, faites preuve d'humilité, ne surestimez surtout pas votre rôle. Personne, à part eux-mêmes, ne se préoccupe de ce que racontent les journalistes, on ne sait plus, on s'en tape, trop convenu, trop confus ! C'est juste un bruit de fond familier échappé des radios, des télés, des journaux... Dites-vous bien qu'on ne vous écoute pas, dans le meilleur des cas on vous entend vaguement. C'est rassurant. Il n'y a pas réellement d'enjeu. Si vous sortez une énormité, une bourde, une assertion ridicule ou mensongère, vous aurez droit tout au plus au courrier de l'érudit de service – en journaliste on dit « l'emmerdeur de service » –, le vieux lecteur qui vous fera remarquer que non, décidément non, Louis XIV n'est pas le neveu d'Henri IV, ou que la ville de Yalta ne se trouve pas en basse Corrèze... Entre nous, qu'est-ce que vous en avez à faire ?

Pour écrire ou parler comme un journaliste, c'est simple, il y a deux exigences à respecter.

Première exigence : utiliser un vocabulaire pauvre

C'est capital. Quel que soit le type de média qui vous emploie, quel que soit le sujet que vous avez à traiter, voici la liste des « incontournables » de la presse moderne, les mots et expressions qui devront obligatoirement figurer dans vos papiers :

- Devoir de mémoire
- Lien social
- Ascenseur social
- Travail de deuil
- Cellule de soutien psychologique
- Développement durable
- Signal fort
- Traumatisme
- Commerce équitable
- Espace de liberté
- Acte citoyen

– Donner du sens
– Tisser du lien
– Donner la parole aux gens
– Incroyable
– Formidable
– Historique
– Sociétal
– Effet boomerang
– Tendre et drôle
– Consensus
– Dialogue
– Solidaire
– Ensemble
– Communiquer
– Instrumentaliser
– Gérer
– Stigmatiser
– Ultralibéral
– Écoute attentive
– Que du bonheur
– Pas de souci
– *No problem*

Avec ce lexique de base, vous pouvez écrire n'importe quel article ! Il suffit d'assembler les mots dans un sens ou dans un autre, de saupoudrer de quelques noms propres, verbes, adverbes et adjectifs (en quantité raisonnable !), de mélanger, de secouer le tout, et vous obtenez un texte tout à

fait acceptable, dans la norme de ce qui se fait actuellement.
À noter : « Travail de deuil » est extrêmement pratique pour terminer un papier.

Exemple :

« Tandis qu'à Montigny-les-Charbons on déblaie les débris du bar des Amigos – le poids lourd fou s'est enfoncé jusque dans la cuisine –, il ne reste plus aux parents des victimes qu'à faire leur travail de deuil. »

L'expression, ultrasouple, peut même servir quand il n'y a pas mort d'homme ! Le champion de F1 qui voit le titre mondial lui échapper, le lycéen qui rate son bac, la starlette abandonnée par son petit ami, le provincial candidat centriste ridiculisé aux élections présidentielles, tous doivent faire leur travail de deuil.

« Devoir de mémoire » est également très bien pour conclure un papier.

Exemple :

« Quand ils auront terminé leur travail de deuil (les clients du bar des Amigos), il leur faudra passer au devoir de mémoire (en allant boire un verre en l'honneur des victimes au café des Sports). »

Un mot à propos de « solidaire ». Autrefois, on était solidaire des travailleurs en grève, des peuples opprimés du tiers-monde, de ses voisins menacés par le chômage, des agriculteurs frappés

par la sécheresse... Ce n'est plus la peine. À présent, solidaire s'emploie sans aucun complément, on est solidaire, on est là pour être solidaire, on ne sait pas de qui ni de quoi, mais c'est comme ça.
À noter : Être solidaire s'inscrit dans la catégorie des « actes citoyens ».

Une mention spéciale pour « gérer », le verbe magique qui en remplace une infinité d'autres, qui assèche le vocabulaire ! On peut oublier éduquer, doser, organiser, ménager, faire face, assumer, assurer, contrôler, mesurer... Aujourd'hui, on gère ses comptes bancaires et le déficit de la Sécurité sociale, mais aussi ses enfants, les criminels récidivistes, ses rapports avec ses collègues, on gère ses RTT, on gère son stress, on gère son énergie, son temps de parole, on gère sa vie, ou même on gère tout court.

Exemple :

« Depuis que sa femme l'a quitté, qu'il a perdu son emploi et qu'il se sait sous le coup d'une mise en examen pour crime contre l'humanité, le général Szerbo Zvladicj traverse une passe difficile. Mais quand on lui demande si Me Jacques Vergès est toujours son avocat, il répond en tapant du poing sur la table :

— *Niet !* Je gère.

Seconde exigence : avoir un style pesant

Il ne suffit pas d'avoir un vocabulaire limité pour être un bon journaliste, il faut aussi s'exprimer de travers, se lancer dans des phrases lourdes, emberlificotées, avec des mots qui ne sont pas ceux de tout le monde, des expressions présumées originales. Par exemple, pour le journaliste, une boulangerie est un « lieu de vie ».

Un poivrot, comme on disait autrefois avec rudesse, est désormais un monsieur qui a « un problème avec l'alcool ». C'est plus feutré, plus médicalisé... Déjà on excuse le pauvre type. On est avec lui. On ne le juge pas, surtout pas ! Quelque part, d'une certaine façon, on est solidaire.

Le mot « problème » est cependant à utiliser avec retenue. Dans la plupart des cas, on lui préférera « problématique », plus ronflant et gratifiant pour qui l'emploie.

Exemple :

Ce monsieur a de l'humidité dans ses murs, il doit avoir chez lui une problématique d'infiltration.

De même, on dira « technologie » plutôt que technique, vocable plat et dépassé.

Exemple :

Le footballeur Willy Sagnol a un dribble exceptionnel, sa technologie de jambes est insurclassable.

En journaliste, on ne dit plus prendre des risques mais « se mettre en danger », ce qui est plus théâtral et plus « proche des gens ».

On n'exerce plus un métier à responsabilité, mais un « engagement impliquant ».

D'un chat qui a perdu son maître, le journaliste n'hésitera pas à dire qu'il doit gérer son deuil quelque part (et qu'il devrait même bénéficier de l'assistance d'une cellule de soutien psychologique).

D'un enfant maltraité par ses parents on dira qu'il souffre d'un « déficit affectif ».

D'un homme qui parle peu ou mal – repris de justice, SDF, handicapé léger, innocent d'Outreau –, on dira : « Il est coincé par rapport à la parole, s'exprimer avec des mots. Il n'y arrive pas. » Sous-entendu, il peut certainement « s'exprimer » autrement, avec ses mains – ce qui n'a rien de péjoratif.

Ce qui fait même de lui une très « jolie personne ».

L'important étant pour chacun de pouvoir « aller au bout de son aventure ».

Pour dire qu'il serait peut-être temps de se préoccuper de la délinquance dans les banlieues, le journaliste, dans une formidable envolée lyrique, ne rechignera pas à lancer un appel à « la vigilance accrue avec des veilles citoyennes ».

Pour dire que les Français gagneraient à être plus unis, il dira : « Il faut hisser le collectif. »

Un grand intellectuel est mort ? On ne va pas retracer ce que fut son existence : « On va revisiter tous les événements qui au long de sa vie ont apostrophé son côté homme de vraie exigence. »

À retenir : moins vous avez de choses à dire, plus vous les direz pesamment...

Premier précepte du journalisme :

PLUS VOUS ÊTES LÉGER EN INFO, PLUS VOUS SEREZ LOURD EN STYLE

Attention, le sens des mots évolue !

Prenons par exemple la phrase suivante : « Le meilleur réalisateur de la soirée s'est offert un Grec. »

Il y a vingt ans, on aurait compris : le lauréat de la palme d'or du festival de Cannes a eu une aventure avec un ingénieur du son de Mikonos.

Aujourd'hui il faut comprendre : le meilleur buteur de la soirée de championnat de foot s'est tapé un sandwich viande-frites à la sortie du stade.

Ça n'a rien à voir...

Une langue spécifique

Comme tous les professionnels, le journaliste a un langage qui lui est propre. Il recourt à de pseudo-finesses de langage grâce auxquelles il peut donner l'impression d'être cultivé... Ainsi, il privilégie les expressions inspirées du très littéraire président Mitterrand. Sur la base du célèbre et supercreux « il faut donner du temps au temps », le journaliste dira et écrira avec le sentiment d'atteindre à une profondeur de pensée remarquable :

- Il faut rendre de la mémoire à la mémoire
- Il faut laisser une chance à la chance
- Il faut rendre justice à la justice
- Il faut donner raison à la raison
- Il faut insuffler de la force à la force
- Il faut foutre la paix à la paix

Etc.

Invente toi-même, ami futur journaliste, tes expressions favorites !

Parfois même, et c'est la preuve qu'il n'est pas fier, le journaliste emprunte son inspiration à Johnny Hallyday : « Le candidat Truc Chose ira-t-il au bout de sa démarche présidentielle, malgré les sondages catastrophiques ? Le tout pour lui est à présent d'avoir envie d'avoir envie. »

Notons que l'homme de presse emprunte aussi à Charles Aznavour dans l'attaque de papier ultra-classique : Ils sont venus, ils sont tous là... « Ils », ce sont peut-être les candidats à l'investiture du parti socialiste, ou les « show-biz » engagés dans le soutien aux sans-papiers, ou les chefs d'État africains reçus à l'Élysée, les artisans potiers invités d'honneur de la foire des métiers d'art de Poitou-Charente, les petits actionnaires spoliés d'Eurotunnel... C'est tout le monde et n'importe qui. Et, de toute façon, c'est n'importe quoi.

Le journaliste ne dit pas : « kilomètre à l'heure », il dit : « kilomètre par heure », ce qui est nettement plus riche.

Le journaliste ne dit pas : « au moment le plus chaud de la journée », il dit : « au meilleur de la journée ».

Quand le journaliste décide de publier, il n'écrit pas, il « commet un livre ».

Le journaliste ne parlera pas des « joueuses » de l'équipe de France de handball, il dira les « féminines ».

De même, il ne dira pas les « écoliers » du collège Thierry-le-Luron de Gap, mais il parlera des « scolaires ».

Autre spécificité inimitable du journaliste : il a recours à toute une gamme de proverbes et d'expressions de derrière les fagots : Il faut raison garder, comparaison n'est pas raison, donner du grain à moudre, embrassons-nous Folleville, c'est la vieille histoire de l'arroseur arrosé, c'est la vieille histoire du verre à moitié plein ou à moitié vide...

Plus « jeunes », les locutions « jouer dans la cour des grands » ou « c'est la cerise sur le gâteau » sont également très appréciées et utilisées.

Exemple :

Il faut certes raison garder, mais si les Saoudiens achetaient notre TGV, cela permettrait à la SNCF de jouer dans la cour des grands, et ce serait, d'une certaine façon, la cerise sur le gâteau. Que du bonheur !

Particularisme local : le « au plus ». On l'entend souvent dans la bouche du journaliste « Sud-de-Loire », le sympathique confrère à accent « ail et fines herbes ».

Exemple :

Au plus le président de l'UMP donnera satisfaction aux militants de son mouvement, au plus sa marge de manœuvre s'en trouvera réduite.

Ça ne veut peut-être pas dire grand-chose, mais reconnaissez au moins que ça a le mérite d'être pittoresque !

Réussir son début d'article

Qu'y a-t-il de plus difficile à écrire dans un article ? Tous les professionnels vous le diront : la première phrase – en journaliste on dit l'attaque. C'est souvent la seule chose que le lecteur lira, que l'auditeur entendra, il s'agit donc de la soigner et de ne pas la rater. Voici quelques recettes de vieux briscards, à utiliser sans modération...

Le début superbateau

« Ce matin la population s'éveille avec une seule question : pourquoi ? »

C'est simple, ça concerne tout le monde et ça peut se décliner à l'infini : Ce matin la population s'éveille avec une seule question : Comment ? Où ? Jusqu'à quand ? Qui est responsable ? De quoi s'agit-il au juste ?

Restriction : le début superbateau ne s'applique pas à tous les cas de figure. Exemple d'emploi discutable :

Ce matin la population s'éveille avec une seule question : où sont les toilettes ?

Le début « mou du genou »

« C'est un petit village pareil à des milliers d'autres... »

« C'est un adolescent semblable à tous ceux de sa génération... »

« C'était pourtant une journée pleine de soleil... »

Ça n'intéresse pas, ça endort, attention on va « zapper »... Le conseil des vétérans : passez au début « mou du genou amélioré », c'est le même prix et ça plaît.

« C'est un petit village pareil à des milliers d'autres... sauf qu'aujourd'hui il est rayé de la carte. »

Variante : « C'est un petit virage pareil à des milliers d'autres... sauf pour la famille Chouflard qui s'est pris le Lisbonne-Vintimille dans le pare-brise. »

« C'est un adolescent semblable à tous les autres... sauf qu'il a tué son père, sa mère et son parrain en les mordant à la gorge »

« C'était pourtant une journée pleine de soleil... mais les kamikazes islamistes fonçaient droit vers le World Trade Center ! »

Le début éberlué

« C'est elle, on l'attend, Catherine Deneuve... et soudain la voici, elle entre dans l'hôtel comme une simple touriste... »

On n'en revient pas de la chance qu'on a, c'est une femme toute simple, elle est comme nous... Le risque, avec une attaque aussi faible, c'est de dégonfler le sujet, de retomber dans le « mou du genou ». Hélas ! il n'y a pas de solution. Dire la vérité, qu'elle est arrivée très énervée, très désagréable, très en retard, qu'elle a glissé sur un tapis et qu'elle s'est éclaté une cuisse, c'est hors de question. Il y aurait procès et perte de budget pub.

On en reste au mou du genou.

Le début citation

« Il n'est point de sauvage en ce monde qui ne porte en lui la lumière du divin. »

« Il faudrait construire les villes à la campagne. »

Que l'on cite Ignace de Loyola ou Alphonse Allais, l'impression est la même : un soupçon de cuistrerie, le journaliste se la joue, il se la pète Collège-de-France, il nous fatigue, il nous gonfle, cette fois c'est bon, ça suffit, on zappe, on passe au Loto...

Le coup de pouce des vieilles barbes : passez au début citation dépoussiéré – en journaliste on dira « dans l'esprit de l'époque ». On cite cette fois les vrais gens et on est dans l'action :

« Ah ! je sais pas... y a eu un grand boum et quand je m'ai réveillé, y avait le feu partout ! »

Cette fois, on est accroché... On a envie de connaître la suite.

Résumé de la leçon

Le journaliste ne règle plus un problème, il solutionne une problématique ; il n'essaie plus de se placer, il se donne les moyens de se positionner ; il ne se contente plus d'informer, il décrypte, il communique, il s'implique dans une démarche qui fait sens... C'est moderne.

Leçon 3

LA RÉDACTION : MYTHES ET RÉALITÉS

Le néophyte imagine trop souvent une rédaction comme une salle enfumée où des dizaines de reporters chevronnés, en bras de chemise, tapent sur des claviers dans une frénésie assourdissante. Aucune concentration possible. Sans cesse des portes s'ouvrent sur des personnages congestionnés qui hurlent : « Ça vient, cette une ? » La réalité est toute différente.

Une rédaction, c'est d'abord un bureau paysager avec, de loin en loin, un box fermé pour les chefs de service. Eux seuls ont l'international et peuvent passer de coûteux appels à leur famille en vacances. Pas le droit de fumer, pas le droit de boire, pas le droit de harceler les secrétaires, d'ailleurs il n'y a plus de secrétaires. Merci l'informatique ! Chacun se débrouille avec sa messagerie, sa copie et ses RTT.

Tout cela ronronne. On s'ennuie ferme. Parfois, Dieu merci, un événement vient secouer la torpeur ambiante : triple meurtre en banlieue, et à la sulfateuse, coup d'État au Gabadou – vite, on cherche où c'est sur Internet –, décès inopiné d'une star de la glace, mariage de Joey Starr avec Claude Chirac, invention d'un vaccin contre la gueule de bois... Aussitôt l'info est saisie, traitée, analysée ; la grande machine journalistique, majestueuse et superbe, s'est mise en marche.

Comme à bord d'un croiseur de guerre chacun est à sa place, à son poste, et tient pleinement son rôle dans le formidable contre-la-montre qui s'engage. L'objectif, exaltant ? Sortir avant les confrères le petit scoop qui va doper les ventes et attirer la pub.

Toute une gamme de métiers

Ce gaillard qui s'approche en baskets et T-shirt à capuche, c'est Jean-Mi, le maquettiste également appelé directeur artistique. Il veut toujours savoir si les photos sont arrivées. La responsable photo, généralement une fille à cran, l'envoie péter. Alors il se calme. Pendant ce temps, le rédacteur chargé d'écrire l'article cherche à contacter une personnalité pour avoir son avis. S'il n'y parvient pas – c'est le cas neuf fois sur dix, il demandera l'avis d'un confrère de la rédaction. De toute façon, on sait très bien ce qu'aurait dit la personnalité.

Au même instant, dans son bureau, le rédacteur en chef demande à son assistante, la petite blonde supermignonne, de lui réserver une bonne table au San Francisco. Il a rendez-vous avec un éditeur pour signer le contrat de son prochain livre, alors c'est vraiment pas le moment de l'emmerder.

Cette vieille fille un peu sèche qui ronge son frein devant un écran dix-neuf pouces, c'est la secrétaire de rédaction. Elle attend de réceptionner la copie pour y traquer les innombrables fautes d'orthographe, contresens, barbarismes, cuirs et pataquès. Le problème, c'est qu'elle peut l'attendre longtemps, la copie, vu que le papier doit être écrit en fonction de la photo qu'on n'a pas !

Pour passer le temps, le maquettiste – également appelé, rappelons-le, directeur artistique – joue à un jeu vidéo, une course de motos, semble-t-il, ou bien il télécharge de la musique techno dont il fera bientôt bénéficier tout le service.

La secrétaire de rédaction lit ostensiblement un livre de Berberova. Sur son visage austère on peut lire : « Bande de nuls, je vous méprise. »

Toute une armée de livreurs (beaucoup de blacks) arpente les couloirs avec des diables surchargés de Coca, de grands bidons d'eau... Car à défaut de clim', la direction a installé des fontaines réfrigérées en plein dans le passage des toilettes.

Des énergumènes casqués défilent en permanence entre les bureaux en parlant dans le micro de leur téléphone *bluetooth* ; ce sont les coursiers, l'infanterie légère de la presse.

À l'arrière, dans le registre de l'artillerie lourde, les dames de la pub, Michèle et Marie-Thérèse, bombardent la rédaction de notes. « Il faut un trois quarts de page en partie magazine pour les produits Dermosport, plus un huitième en quatrième de couv' pour le slip antihernie Le Coq du Nord » (maison fondée en 1838).

C'est grâce à cette fraternité admirable, à ces gens dévoués à leur tâche, à ces soldats de l'actualité que le Français est informé en direct *live*.

Le parcours idéal de la copie

1 – Un événement se produit.

2 – Un reporter journaliste est envoyé sur le terrain.

3 – Il rédige son article et l'envoie à son chef de service.

3 *bis* – Dans le même temps un reporter photographe prend des clichés de l'événement puis les envoie au service photo.

4 – Le chef de service satisfait – et même enthousiaste – fait passer l'article au secrétariat de rédaction.

5 – Après correction – et quelques haussements d'épaules –, l'article est transmis à la maquette.

5 *bis* – Dans le même temps, *timing* extraordinaire, la photo arrive à la maquette.

6 – Le maquettiste monte sa page et la transmet à l'*editing*.

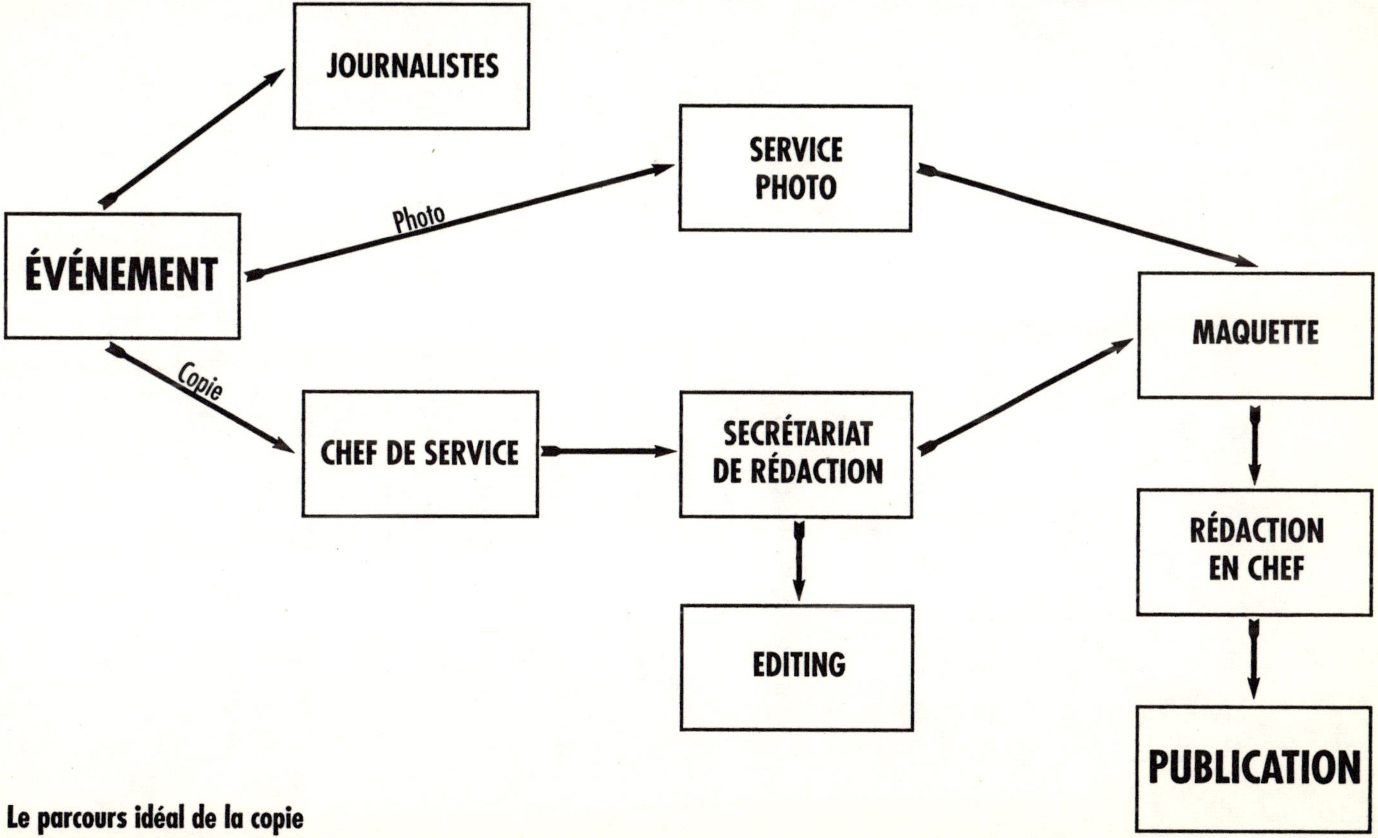

Le parcours idéal de la copie

7 – Après y avoir ajouté les titres, accroches et chapô, la copie est présentée au rédacteur en chef pour être validée.

8 – Le rédac' chef est fou de bonheur. Le travail est formidable, il signe le bon à tirer.

9 – L'article paraît. Le public est enchanté. Le tirage augmente, la pub rentre, les abonnements fleurissent.

10 – Le prix Albert-Londres récompense les efforts de l'équipe.

Le parcours réel de la copie

Il peut se faire, et c'est bien regrettable, que les choses ne se déroulent pas aussi facilement qu'indiqué ci-dessus. Parfois la machine se grippe, le grain de sable fait grincer les dents et les catastrophes s'enchaînent... Il faut alors, à chaque étape du processus, sauver la situation, les emplois, les familles.

1 – Un événement se produit. Mais c'est loin, pas facile d'accès et ça se présente mal.

2 – Le reporter pressenti qui rentre à peine du Kamchatka où il couvrait une explosion de gaz dans une conserverie de crabe refuse net de repartir. On envoie à sa place le jeune stagiaire Louis Guillot, inexpérimenté et pas fut'fut'.

3 – Après s'être fait voler son ordinateur en gare de Szbroütch, Guillot réussit à taper son

article sur la machine d'un confrère australien (clavier QWERTY). Le papier est nul.

3 *bis* – Dans le même temps, le reporter photographe dépêché sur place est victime d'un accident de moto, on lui vole ses appareils et ses bottes. De l'hôpital de Szbroütch, il réussit toutefois à envoyer quelques clichés numériques de qualité médiocre au service photo.

4 – Le chef de service, effondré par le travail de Guillot, fait réécrire le papier par le critique théâtre qui n'y connaît rien. Le résultat est très moyen, mais l'heure tourne, l'imprimeur attend et le bouclage ne peut être reculé.

5 – Stressée et de mauvaise humeur, la secrétaire de rédaction laisse passer une erreur de ponctuation : le maire de Szbroütch apparaît dans l'article comme le principal organisateur d'un trafic d'armes à destination de la Tchétchénie.

5 *bis* – La photo arrive à la maquette, elle est nulle.

6 – Le maquettiste Jean-Mi, qui s'est absenté pour convenance personnelle (achat d'une moto trial d'occasion), est remplacé par un intérimaire qui monte le cliché à l'envers avant d'envoyer la page à l'*editing*.

7 – Trompé par une lecture rapide du texte mal ficelé et pour tout dire indigeste, le responsable de l'*editing* fait son gros titre sur le trafic d'armes et le passe tel quel : « Le maire de Szbroütch défie Poutine ».

8 – Le rédac' chef est fou de bonheur. Le travail est formidable, il signe le bon à tirer.

9 – L'article paraît. Le jeune Guillot, qui n'a pas eu le temps de passer la frontière – on lui a volé son passeport –, est jeté en prison. Là-dessus, le maire de Szbroütch est assassiné par deux « touristes » moscovites.

10 – Il y a procès. C'est très chaud pour le rédac' chef. Quant au stagiaire Guillot, il s'en souviendra, du voyage à Szbroütch !

À chacun sa place dans la rédaction

Quel poste occuper en fonction de vos aptitudes ? C'est vite vu :

1 – Vous ne savez pas écrire : rédacteur en chef.

2 – Votre conjoint vous fatigue : grand reporter.

3 – Vous êtes un fan de jeux vidéo : maquettiste.

4 – On vous a refusé vos deux premiers romans : critique littéraire.

5 – Vous êtes sèche, revêche, toujours habillée de noir : rédactrice de mode.

6 – Vous n'avez aucune chance de décrocher la carte de presse, mais vous avez la « niaque » : coursier.

7 – Vous aimez l'apéro, vous portez une gourmette et une veste moutarde aux manches retroussées : chef des ventes.

8 – Vous avez un penchant pour les rapports sado-maso : correctrice.

9 – À force de fumer trois paquets de Camel par jour, vous avez une voix sensuelle et rauque : journaliste de nuit à la radio.

10 – Vous vous habillez comme un communiant, vous avez une tête de puceau : présentez la météo.

11 – Vous êtes une belle femme, du moins jusqu'à la taille, au-dessous ça se dégrade un peu : le JT vous tend les bras.

Résumé de la leçon

Autrefois, du temps d'Albert Londres ou de Joseph Kessel, le journaliste était un globe-trotter, un aventurier. Aujourd'hui, il est trop souvent devenu un fonctionnaire, un bureaucrate... En clair, on est passé du journalisme casse-cou au journalisme casse-couilles.

Leçon 4

JOURNALISTE : UN MÉTIER FORMIDABLE

Tout n'est pas rose dans la vie du journaliste. Il doit remettre sa copie dans les délais, éviter les procès en diffamation, dénicher des scoops à toute heure du jour et de la nuit, assister à de pesantes conférences de rédaction, boire beaucoup avec d'ennuyeux confrères et se coucher la tête en vrac. Le débutant surtout est exposé aux corvées, les anciens l'assomment d'anecdotes : comment ils étaient sur le Tour de France avec Blondin, à Saigon dans la débâcle, sur le Dakar quand Balavoine s'est crashé, comment ils ont laissé une ardoise énorme au bar du Martinez pendant le Festival de Cannes 86... Il n'empêche : dans la balance du pour et du contre, les privilèges de la profession l'emportent haut la main.

Les avantages du job

Invité partout !

Pour ceux qui ont quelque chose à vendre, et Dieu sait s'il y en a par les temps qui courent – en journaliste on dirait « dans notre société d'ultralibéralisme » –, l'homme de média est un relais obligé, une caisse de résonance, un auxiliaire indispensable. Pour obtenir de lui un article vantant les mérites d'une nouvelle crème hydratante, pour quelques mots bienveillants lâchés à la radio à propos d'un restaurant de *soft-food*, d'un bouquin fraîchement paru ou d'un spectacle qui se lance, les attachées de presse, chefs d'entreprise et imprésarios divers sont prêts à tous les efforts. Invité partout, le journaliste est le roi de la soirée.

Tout est gratuit

Convié aux cocktails, aux premières, aux vernissages, le journaliste ne débourse pas un sou pour se nourrir – s'empiffrer serait le mot juste –, ni d'ailleurs pour se vêtir. Un simple article sur les chaussettes Tricot de France et toute sa vie il sera gracieusement fourni en socquettes, mi-bas et caleçons ! La prestigieuse gamme Tricot de France est tout entière à sa portée. Et s'il en a par-dessus la tête, il n'aura qu'à se fendre d'un nouvel article pour le concurrent China Socks ! Invitations aux soldes privés, petits cadeaux... L'homme de presse a l'élégance sans la dépense.

Ami des stars !

Là où le *vulgus pecum* trouve porte close et videurs patibulaires, le journaliste, sous prétexte d'interview, peut rencontrer les vedettes les plus sexy du monde. George Clooney, Nicole Kidman, Pierre Mondy... Fastoche ! Vladimir Poutine, Bill Gates, Zinedine Zidane ? Plus difficile, mais on y arrive quand même avec un minimum de tchatche. Entretien dans des hôtels de luxe, des « limos », tête-à-tête dans des restaurants de rêve avec champagne à volonté, bikini-party et plage privée sous les tropiques, le journaliste se rince l'œil et le gosier aux frais de la princesse.

Le danger : être pris pour un paparazzi, repéré, ceinturé, tabassé, voire poursuivi en justice pour atteinte à la vie privée. À moins d'être svelte, discret comme un elfe et rapide à la cavale, on s'abstiendra de rôder dans les buissons avec un gros téléobjectif en bandoulière, principalement du côté de Monaco.

Conseil : le journaliste non-paparazzi ne se faufile pas comme un serpent, il a rendez-vous et son costume n'est pas poché aux genoux. Rappelons que, pour un breakfast à la cour d'Angleterre, on laisse son gilet multipoche au vestiaire.

Avantage aux dames

Les femmes journalistes sont passées maîtresses dans l'art de décrocher la timbale. On ne compte plus les hommes importants qui ont succombé aux charmes d'une pigiste court vêtue... Et, bien souvent, cela se termine par un mariage ou plus simplement une étreinte en palace. Des hommes aussi éminents qu'Alain Juppé, Jean-Louis Borloo, Dominique Strauss-Kahn et Bernard Kouchner ont épousé des journalistes.

Ajoutons que l'un de nos ministres, candidat déclaré à l'Élysée, n'aurait pas été insensible aux attraits d'une de nos consœurs d'un grand quotidien national... Remarque : la phrase qui précède est un chef-d'œuvre de presse, à la fois délatrice et prudente, pour ne pas dire pétocharde. Nous n'avons cité ni le nom du ministre, ni celui de la consœur, ni celui de son journal. Blindés du point de vue juridique, nous n'en avons pas moins accompli notre travail d'information.

Fourrer son nez partout !

Vous n'avez pas pu être policier, ni même gendarme ? Soyez journaliste. Le journaliste est payé pour s'occuper des affaires des autres, enquêter, cuisiner qui bon lui semble ! Toutefois, nous lui conseillons de ne pas s'attaquer à trop forte partie. Un P-DG de multinationale, un chef de cartel colombien, un directeur de cabinet de Premier ministre, s'il se sent menacé, peut lui casser les reins d'un coup de fil. L'investigation poussée s'arrêtera en conséquence à la porte des puissants. Le reporter sans frontières se donne tout de même certaines limites.

Pas besoin de réfléchir !

« Historien de l'instant », le journaliste est un homme de réflexion exonéré de tout effort cérébral ! Son devoir est de fournir l'info, mais c'est aux autres de la comprendre et de l'analyser... On notera que le journalisme est le seul travail intellectuel où il n'est pas nécessaire de penser. C'est inespéré, un peu comme un plombier à qui on ne demanderait pas d'être adroit de ses mains ! Les recalés au bac, les inadaptés aux études, ceux que la lecture rebute ont toutes leurs chances.

Pas besoin de citer ses sources !

Coup de génie de la profession, vous pouvez dire tout et n'importe quoi sans la moindre justification. C'est toujours un autre qui vous a passé l'info et votre honneur est de ne pas dire qui... On appelle cela la déontologie. Il s'agit en théorie de préserver la liberté d'enquête et d'expression du journaliste ; en pratique, c'est la porte ouverte aux ragots, le règne de la rumeur, le triomphe de l'à-peu-près dans une ambiance d'impunité maximale.

Exemple :

Vous écrivez que le ministre des Transports, suite à un délit d'initié, a empoché « un croquignolet pactole ». L'intéressé vous traîne en justice pour diffamation. Le juge vous convoque, vous somme de révéler vos sources. Vous répondez : « Monsieur le juge, ma conscience et l'honneur de ma profession m'interdisent de dénoncer qui que ce soit »... Vous êtes condamné. Tous vos confrères se mobilisent pour vous, vous êtes une victime du système, une star, un grand journaliste. Bravo ! C'est tout bénef.

Rappelons que pour 99,9 % des articles que vous pondrez, vous ne serez même pas inquiété. Alors allez-y franco, laissez parler votre imagination !

> *Les technologies évoluent*
>
> Autrefois, quand un reporter intrépide se voyait « serré » par la police, traqué sur un toit ou coincé au fond d'une impasse, il n'avait d'autre choix pour protéger ses sources que d'avaler vite fait son carnet d'adresses... Aujourd'hui, le fouinard se voit dans l'obligation de gober sa clé USB, de bouffer le disque dur de son ordinateur ! Un métier qui demande de l'estomac.

Toutes les reconversions possibles !

Auréolé de sa petite gloire, le journaliste peut à tout moment changer de métier et empocher les dividendes de sa carrière médiatique. Il peut ouvrir un restaurant comme Jean-Luc Delarue, lancer une ligne de *streetwear*, tourner un film « boudé par la critique » comme BHL, écrire quantité de bouquins comme tout le monde, chanter en duo avec une prostituée, monter une agence de conseils en communication, une boîte de prod', devenir maire comme Dominique Baudis ou Noël Mamère, se faire propulser député européen comme Jean-Marie Cavada... Tout est possible, tout est réalisable. Et, s'il fait faillite, l'ancien du métier peut même redevenir journaliste, on ne lui en voudra pas.

Par ici la carte de presse !

C'est le petit sésame des temps modernes. Grâce à la carte, le journaliste bénéficie d'un maigre abattement fiscal de 7 500 euros, mais il entre gratuitement dans les musées, les salons, les expos... Surtout, s'il la brandit avec autorité, il peut doubler toute une file de pauvres types qui attendent un taxi, voire échapper à la contravention s'il est pris à fond de train dans un couloir de bus. La carte de presse, barrée de bleu-blanc-rouge, peut en outre, de loin et dans la confusion, être prise pour une carte de police. Idéal pour s'introduire dans un appartement, réquisitionner un véhicule ou impressionner un fâcheux.

Rouler dans des voitures de sport !

À la différence du cadre supérieur rivé à sa voiture de fonction, le journaliste se voit proposer, à l'essai, les bolides les plus *show-off* du monde. Un jour en Porsche, le lendemain en Jaguar, la semaine suivante en Ferrari, le mec emballe un max. Et à 200 à l'heure ! Tous ses rêves d'enfant se réalisent.

Tutoyer les grands de ce monde !

Taper la langouste avec Hu Jintao, rouler le couscous avec Ben Ali, pêcher l'espadon avec Hugo Chavez... Le journaliste, de par ses hautes fonctions, est conduit à partager le quotidien des maîtres de la planète. Rien d'étonnant à ce qu'il soit parfois jeté en prison, torturé et abattu dans une rue sombre. Cet inconvénient regrettable mais évitable – il suffit de ne pas indisposer son hôte, de le laisser gagner au ping-pong ou aux échecs – est largement compensé par le bonheur de faire l'Histoire dans le cockpit du vaisseau amiral. Car on peut bien dire ce qu'on veut : passer une soirée avec le Nord-Coréen Kim Jong-Il dans son train blindé, avec hublots de croisière résistants au souffle atomique reste un moment inoubliable.

Le tour du monde en permanence !

Laissant la classe économique au salarié aoûtien qui s'est saigné pour ses billets charter, le journaliste parade à l'avant du zinc, accumule les *miles* en *business class* et pont supérieur. Chouchouté, ménagé, entouré, il n'a pas à subir les mauvais côtés du voyage à l'étranger, vol de valise, malaria, promiscuité avec des olibrius exotiques et agités. Le journaliste, où qu'il aille dans le monde, loge toujours dans la même chambre, savoure la même cuisine d'hôtel et croise les mêmes confrères, d'année en année plus chauves et plus bedonnants. Entre deux coups de téléphone à sa rédaction, il noue des contacts fructueux avec les plus belles femmes du hall. Au total, la note de frais sera salée mais l'article ne manquera pas de couleur locale.

Des à-côtés juteux !

Bien qu'il doive en théorie l'exclusivité de son travail à son employeur, rien n'empêche le journaliste d'arrondir ses fins de mois en mettant du beurre dans ses épinards. Cela s'appelle « perruquer », « faire des ménages »... Animation de colloques, médiation de conférence, présentation de salon, préface d'ouvrages, chroniques, rubriques, promotion commerciale dans des hypermarchés, piges à tort et à travers... Tout est bon pour engranger la monnaie.

> *Un mot à propos des pigistes*
>
> Le pigiste est un journaliste free-lance. On dit qu'il « pige », mais il n'est pas rare de le voir s'attaquer à un sujet auquel il ne pige absolument rien... Comme souvent les lecteurs ne comprennent pas grand-chose à ce qu'ils lisent, le dommage est minime et la somme des incompréhensions favorise parfois l'émergence de la vérité. Soyons optimistes.

Les petits points faibles

Le métier de journaliste a également ses inconvénients, peu nombreux, qu'il importe de connaître :

Les hémorroïdes

Concernent surtout les gens du *desk* rivés à leur bureau : secrétaire de rédaction, rédacteur en chef, *rewriter*, maquettiste, reporter qui monte ses sujets en régie – en journaliste on dit « au cabinistan »... Tous ces professionnels passent trop de temps assis. D'où la mauvaise ambiance qui règne dans les journaux et autres médias.

L'alcoolisme

Le « journaliste-éponge » n'est malheureusement pas une invention de Léo Malet. Soumis au stress incessant de l'info brûlante, sommé de faire mieux que ses concurrents, hanté par l'heure butoir du « bouclage », le journaleux picole sec. D'où la mauvaise ambiance qui règne dans les journaux et autres médias.

Le regrettable accident du travail

Sans cesse sur les routes, bousculé d'avion en taxi, témoin des révolutions les plus sanglantes, des émeutes et des mises à sac, le reporter est en première ligne pour se ramasser une balle perdue. Parfois, on le vise délibérément au bazooka. D'autres fois, malgré sa vitesse de jambes, il ne peut éviter le recul d'un char d'assaut et finit sous les chenilles... D'où la mauvaise ambiance qui règne dans les journaux et autres médias.

La prise d'otages

S'aventurant sans cesse dans le dédale des mosquées, les îlots rebelles, les quartiers insurrectionnels et le profond Caucase, le journaliste de terrain est une proie facile pour le gang kalmouk, la triade hongkongaise ou le sécessionniste tamoul. Roulé dans un tapis de prière, jeté à l'arrière d'un 4 x 4, le pauvre type passe ensuite des mois dans une cave, comme un roquefort. Une catastrophe en appelant une autre, il est ensuite défendu par Journalistes sans frontières. S'il s'en tire malgré tout, il est accueilli en héros, peut écrire un best-seller et surtout devient expert en prise d'otages. Dès qu'un de ses confrères est enlevé, l'ancien captif est invité sur les plateaux où il pérore et relance les ventes de son ouvrage. La prise d'otages est somme toute un inconvénient moins invalidant que les hémorroïdes.

L'angoisse de la page blanche, le trac face à la caméra, la panique à l'antenne

De temps à autre, le journaliste doit tout de même travailler un peu, écrire quelque chose. Il s'installe devant son ordinateur et commence à se ronger les ongles. Suées, spasmophilie, tétanie, crise de suffocation, le type est dans les affres, il a l'impression de repasser le bac. Deux parades :

– le verre de scotch déblayé cul sec.

– le coupé-collé d'un article déjà écrit déniché sur internet.

On notera à ce propos que si les journalistes écrivent et disent tous la même chose, ce n'est pas qu'ils pensent la même chose; c'est seulement qu'ils se copient les uns les autres.

Résumé de la leçon

Au contraire du fonctionnaire qui a un devoir de réserve, le journaliste a le devoir de la ramener en toutes circonstances, y compris sur les sujets auxquels il ne connaît rien. Pour informer les autres, être utile à la vérité, éclairer les consciences ? Oubliez tout ça ! C'était la presse à papa... Être journaliste aujourd'hui, c'est jouir du statut VIP !

On ne devrait d'ailleurs plus dire un journaliste mais un « jouirnaliste ».

Leçon 5

L'INFO : OÙ LA TROUVER COMMENT L'ORDONNER

Comme le bois pour l'ébéniste, la pâte à choux pour le confiseur, le sans-plomb pour le pompiste, l'information est la matière première du journaliste. Privé d'information, l'homme de presse s'étiole, tourne en rond, s'affole, devient romancier. Spectacle pénible. Semblable à l'air que l'on respire, à ces rayons cosmiques qui nous traversent sans même qu'on en ait conscience, « l'info » est pourtant partout autour de nous, elle nous baigne... Le tout est de savoir la débusquer.

Dans un monde qui compte plus de six milliards d'individus – pas tous bien corrects –, il se passe toujours quelque chose, un événement intéressant – en journaliste on dira un « événement significatif » –, mais ce n'est pas en restant assis sur un pliant au bord du trottoir que vous assisterez à un mariage princier, à un raz-de-marée tropical ou à une fusion-acquisition dans l'industrie pharmaceutique. Sauf énorme coup de bol. Retenez ceci : l'information ne vient pas toute seule, il faut aller la chercher. Le journaliste n'est pas un pêcheur à la ligne, c'est un chasseur, un prédateur qui rôde sans cesse tel un guépard des neiges quelque part vers les sources de l'info...

Où sont, quelles sont les sources de l'information ?

Le terrain

Osons voir les choses en face : s'informer sur le terrain, cela veut dire aller sur les lieux de l'événement, révolution, championnat du monde de basket, marée noire...

Intérêt : témoignage de première main.

Inconvénient : c'est cher, c'est loin, c'est dangereux, et en plus on voit moins bien qu'à la télé.

Pour toutes ces raisons, plus personne ne va sur le terrain, l'investigation se fait aujourd'hui au bureau – en journaliste on dira au desk ou en bureau –, même s'il faut de temps en temps se rendre à une soirée VIP pour ne pas perdre la main.

À signaler : l'enquête de terrain tend à céder la place à l'enquête de patelin, plus proche des gens. Plutôt que d'aller prendre un mauvais coup en Afghanistan, le grand reporter se rend à Savigny-les-Bûches pour un reportage qui parle à tout le monde.

Exemple :

— Monsieur, vous aviez remarqué quelque chose d'anormal chez votre voisin ?

— Non, il était charmant. Bonjour, bonsoir, jamais un mot plus haut que l'autre... On le voyait dans le jardin.

— Et pourtant, il a massacré sa famille à coups de boule de bowling.

— Je vous dis, c'était un monsieur comme tout le monde... Jamais un mot plus haut que l'autre...

— Merci, monsieur... C'était Jean-Paul Gigot à Savigny-les-Bûches, pour Télé-Bowling.

L'apprenti journaliste retiendra – et appréciera – au passage la technique d'interview.

Le micro-trottoir

Forme atténuée et sécurisée de l'enquête de terrain. Le professionnel se poste à un coin de rue et demande à n'importe qui ce qu'il pense de n'importe quoi.

Exemple :

— Madame, que vous inspire le prix des légumes ?

— C'est cher !

— Vous pensez que c'est la faute aux intermédiaires qui se sucrent au passage ?

— Tout ce que je vois moi, c'est que c'est de plus en plus cher.

— Elles sont pourtant belles, ces tomates, non ?

— À ce prix-là, manquerait plus qu'elles soient moches !

Autre exemple :

— Alors petit bout de chou, ça s'est bien passé, la rentrée des classes ?

— La maîtresse elle est zentille.

— Tu crois que tu vas bien travailler, cette année ?

— Oui... Z'ai fait pipi sur mon cartable.

— Ha, ha... Sacré bout, ce chou !

Et encore un exemple :

— Monsieur, approuvez-vous le déploiement de forces françaises au Liban ?

— Où ça ?

— Au Liban.

— Ah bon !

Constat : l'information glanée reste minimale mais facilement compréhensible par tous.

Les bons tuyaux

Sans être à proprement parler un flic, le journaliste doit lui aussi avoir ses informateurs, indics et amis bien placés. Souvent – et ce ne sont pas nos confrères du *Canard enchaîné* qui nous démentiront – un bon coup de fil vaut mieux qu'une longue enquête.

Exemple :

— Allô, Coco ? Tu devineras jamais... Il y a Eddy à la terrasse de chez Sénéquier... Et tiens-toi bien, il est avec la meuf à Johnny !

— Sans déc' ! Prends la photo ! Prends la photo ! (En journaliste on dira « shoote-le ! shoote-le ! »)

Autre exemple :

— Allô tuuuuuu... Figure-toi que tuuuuuut est en train de déjeuner avec tuuuuuut, au restaurant de la tuuuuuuut.

— Qu'est-ce qui bouffent ?

— Ils ont pris des tuuuuuuut en entrée.

— Bah, ils s'emmerdent pas ! Hé ! les mecs, on arrête tout ! On change la une !

Les lettres confidentielles

Le journaliste débutant ne dispose pas, c'est bien normal, d'un réseau d'informateurs prêts à lui lâcher des rafales de scoops. Qu'il se rabatte sur le flot de lettres confidentielles qui chaque jour prolifèrent sur le net. S'il est assez rapide, il saura deux heures avant tout le monde ce que tout le monde saura deux heures plus tard. Dévissage du cours du baril à la Bourse de Rotterdam, attribution du prix Castagnettes au travesti Bichou, ouverture d'un IKEA géant près de l'hyper Conforama dans la banlieue de Séoul, suspiscion de défaut sur les serrures des séries 730.... Autant d'éléments épars qui habilement rapprochés fourniront matière à un papier acceptable.

Exemple :

« Perdu dans la banlieue de Séoul, le travesti Bichou a dû sortir par le hayon arrière de sa 730 pour s'acheter un baril de brut sur le parking d'IKEA. »

Les dépêches d'agences

Aussi incroyable que cela puisse paraître, il existe encore des agences de presse qui, vingt-quatre heures sur vingt-quatre, sept jours sur sept, abreuvent la planète de nouvelles plus ou moins fraîches. C'est une source inépuisable d'anecdotes, de bobards, de racontars et de propagande. On y aura recours avec prudence et modération.

Sans vouloir dire du mal de qui que ce soit, trop de professionnels se contentent de répercuter tels quels les communiqués glanés sur ce qu'on appelle « le fil ». Cela donne des textes secs, sans âme, qui font fuir le lecteur, et la crise de la presse française en découle largement.

On aura donc tout intérêt à enjoliver l'info, à la rehausser, à la rendre distrayante et sympa.

Exemple :

Texte d'agence : « Fidel Castro a été opéré d'urgence, cette nuit, à La Havane, suite à des problèmes digestifs aigus. »

Texte « journaliste » : « Sur le coup de 2 heures du matin, dans la touffeur de la nuit tropicale, le líder Máximo a été saisi de violentes flatulences. Appréhendé et interrogé au siège de la Sécurité d'État, le cuisinier Henrique Gomez, connu pour ses sautés de bananes au poivre rouge, aurait réussi à se disculper, mais il reste pour l'heure toujours en garde à vue. Fidel Castro, transporté en Ilyouchine 560 à l'hôpital militaire de Santiago a subi une série d'ablations dans la zone sous-ventrière. Les Cubains, interdits de samba, sont invités à doubler la production de canne à sucre jusqu'à la guérison complète du Père de la nation. »

Quatrième de couverture, prière d'insérer, dossier de presse

Journaliste culturel vous devez rédiger la critique d'un livre, d'un film ou d'une expo. Or vous n'avez ni le temps ni l'envie d'aller voir la dernière pièce de théâtre tirée de l'œuvre de Christine Angot ou de lire la biographie-document de Raymond Domenech... On vous comprend. Allez-vous pour autant renoncer à votre article ? Surtout pas.

S'il fallait parler seulement de ce qu'on connaît, la France entière devrait la fermer et ce serait un silence angoissant pour tout le monde, une partition manquante dans le concert des nations. Heureusement, les maisons d'édition, l'industrie du disque, les grands studios cinématographiques et les principaux musées fournissent aux soutiers de la presse des fiches prémâchées, prédigérées, précalibrées. Il n'y a qu'à effectuer un bon coupé-collé et allez hop ! on tient un article qui en vaut un autre – d'autant plus que l'autre sera exactement semblable ! Bien couillon le confrère qui lira le livre ou qui s'infusera trois longues heures de théâtre !

Le journaliste désireux tout de même d'en savoir un peu plus, l'ambitieux, le perfectionniste, l'inquiet, pourra toutefois déjeuner avec l'attachée de presse chargée d'assurer la promotion du livre ou du film. Si la fille est mignonne et le menu gastronomique, ce ne sera pas une perte de temps.

Deuxième précepte :

LE JOURNALISTE A INTÉRÊT À SOIGNER LES ATTACHÉES DE PRESSE. QUAND IL SORTIRA LUI-MÊME UN BOUQUIN IL SERA CONTENT DE LES TROUVER, LES PETITES BIQUETTES

Les confrères

Plutôt que de se fatiguer à décortiquer les dépêches d'agences, de s'user les yeux sur les écrans d'ordinateurs ou d'arpenter le terrain, pourquoi ne pas utiliser tout simplement le travail des camarades, la source par excellence, la voie royale ? En clair, il s'agit de recopier les articles des autres.

Plagiat ? Attitude scandaleuse ? Pas du tout. Bien au contraire, c'est un hommage rendu à ceux qui exercent le même métier que vous, la mise en commun des moyens de production (dans la grande tradition socialiste). Les journalistes forment une vaste et belle famille où chacun se sert à la même table. Et se sert copieusement. Tout le monde le fait. C'est sympa.

Autre avantage : comme chacun ne fait que répéter ce qu'a raconté l'autre, le lecteur n'est jamais surpris. Il y gagne en confort de lecture. Ça va plus vite. Il peut passer au sudoku et aux programmes télé.

Vérifier ses sources : un impératif moral

C'est un des devoirs sacrés du journaliste, le pilier central de la déontologie du métier. Le professionnel ne doit pas se faire le colporteur des ragots et rumeurs infondés. Il doit, quelles qu'elles soient, recouper ses sources et vérifier ses informations avant de les rendre publiques.

Comment faire ? Rien de plus simple. Il suffit de décrocher son téléphone :

— Allô, Coco, dis donc, t'es sûr, là, pour c' que tu m'as dit ? Eddy avec la meuf à Johnny ?

— Officiel mec. C'est du marbre... *No problem* !

— OK, merci Coco. Et à charge de revanche...

Et voilà le travail ! L'info est vérifiée, recoupée, garantie. Bon à tirer.

Y a-t-il des informations plus importantes que d'autres ?

Évidemment oui et le journaliste a le devoir de les mettre en avant. C'est ce qu'on appelle hiérarchiser l'information.

Cas d'espèce : dans la même journée, un accident de train se produit au Pakistan – 500 morts – et le footballeur star Franck Ribery annonce son changement de club. Que privilégier ? Le bon sens et la morale voudraient que la catastrophe asiatique – en journaliste on dira « la bien triste catastrophe asiatique » – fasse la une et que l'on relègue le transfert footballistique en page intérieure. C'est tout l'inverse qu'il faut faire ! Ces morts pakistanais, on ne les connaît pas, on ne sait rien d'eux. Ça se passe très très loin et on se demande même s'ils n'y sont pas un peu pour quelque chose, dans leur déraillement ! On flaire le *surbooking*, l'entassement des ballots, le surpoids des chèvres, la vitesse excessive en sortie de courbe sur rails gondolés, l'entretien approximatif des voies et du matériel roulant... Tout cela devait conduire à la catastrophe qui finalement n'a rien d'extraordinaire.

La seule question que le journaliste devra poser à propos de cette tragédie est : Est-ce que ça pourrait arriver chez nous ? Et la réponse sera non, toujours non. Répondre autrement serait se brouiller avec la SNCF, le ministère des Transports, les enquêteurs de la gendarmerie nationale et pis encore les syndicats. Que de portes fermées pour un mot malheureux !

En comparaison, le transfert du footballeur Ribery passionne la France entière. Chaque Français rêverait d'être un roi du shoot et de gagner des milliards ! En outre, c'est un gars de « chez nous » et comme on l'apprend dans les écoles de presse : le lecteur achète son journal pour voir ce qui est arrivé à son voisin et ce qui aurait pu lui arriver. Plus simplement, on s'identifie à Franck Ribery, on aimerait être à sa place. Alors qu'on aimerait beaucoup moins être à la place des écrasés de l'express Lahore-Islamabad.

Pas moral ? Pas logique ?

Troisième précepte :

LE JOURNALISTE NE TIENT PAS COMPTE DE LA MORALE ET DU BON SENS. POUR L'ASSISTANTE SOCIALE, ADRESSEZ-VOUS À EMMAÜS !

La bonne hiérarchie des sujets

Par ordre de priorité, voici ce que les auditeurs, téléspectateurs et lecteurs de presse réclament :

Les histoires d'animaux

Le journaliste débutant doit savoir que les braves gens s'identifient avec les braves bêtes.

La météo

Le Français veut savoir s'il doit oui ou non prendre son imper, son K-way, sa casquette. Faute à éviter à tout prix : annoncer du beau temps alors qu'il rince, que ça sauce et que la réservation en terrasse tourne au burlesque.

Le sport

Ça ne prend pas la tête, tout le monde est content. Et ça déclenche les passions – en journaliste on dira « ça génère des sentiments forts » : amitié, antiracisme, dépassement de soi, salaires mirobolants.

Les vedettes

Mariages, maladies, coucheries... On adore. Ces gens-là sont comme nous, c'est bien la preuve qu'on pourrait être comme eux...

Les crimes horribles

On frissonne, on veut tout savoir et au final on n'est pas trop mécontent de son sort... On voit à quoi on a échappé... brrrr !

La politique

Tous pourris. Y en a pas un pour rattraper l'autre.

Tout ce qui se passe à l'étranger

Un magma inquiétant, menaçant d'où ne peuvent venir que de mauvais coups. On passe très vite. Juste quelques lignes ou quelques images affreuses, histoire de se rappeler qu'on est quand même bien mieux chez nous.

Lanterne rouge, les sujets économiques

S'il est toujours ravi de toucher son chèque à la fin du mois, le Français ne veut pas qu'on l'emmerde avec des histoires de CAC 40, de FMI ou de déficit public...

Résumé de la leçon

Une info en soi n'est ni bonne ni mauvaise, c'est le professionnel qui par son talent, son imagination et son bagout la monte en chantilly, en fait un événement et suscite ainsi l'intérêt des grands comme des petits. Chapeau l'artiste !

Leçon 6

LES PRINCIPES DU JOURNALISME MODERNE

Longtemps, le journaliste est resté un lettré qui, du haut de sa tour d'ivoire, écrivait pour d'autres lettrés. Il prenait ses aises, jonglait avec des paradoxes, des idées complexes, des concepts, des notions, se lançait dans de longs développements avec plein de mots, plein de phrases. Car, en ce temps-là, même les lecteurs savaient lire ! Tout cela a changé, bien changé. Le journaliste de notre époque, s'il veut réussir, doit se mettre dans la peau d'un presque inculte qui travaillerait pour de braves gens un peu limités. Pour certains confrères, c'est tout naturel, ils y parviennent sans effort. Pour d'autres, c'est plus difficile. Pour tous, en tout cas, l'exercice suppose de nouvelles règles.

Utiliser des mots « forts »

Nous vivons dans une époque bruyante et trépidante, quand on lit le journal aujourd'hui, c'est souvent dans le métro, le bus, le tram, le TER, avec un Roumain qui vous joue de l'accordéon à cinq centimètres de l'oreille. D'où la nécessité d'employer des mots forts, qui claquent et retiennent l'œil.

– Il fait chaud ? En journaliste, ça donne : Les français suffoquent.

– Plusieurs joueurs de l'équipe de France sont blessés et ne pourront pas jouer le match ? Ne dites pas platement que l'équipe est affaiblie, dites qu'elle est frappée d'hémorragie, d'amputation, d'éventration, que c'est un carnage...

– Un malheureux chasseur se trouve nez à nez avec une ourse slovène récemment réintroduite dans les Pyrénées. Affolé, il tire et tue le plantigrade d'une décharge en plein mufle... Ne parlez pas d'accident regrettable, dites : L'ourse Cannelle froidement assassinée ! Les Pyrénées en deuil.

– Les Français ne se sont pas rués dans les magasins pour les soldes ? Titrez : Berezina dans le chemisier imprimé, la bonneterie au bord du gouffre !

– Pollution au benzène dans la Grouze, affluent de la Meuse, la faune piscicole est touchée ? Écrivez : Poissons de rivière, le génocide continue !

– Un obus de la Première Guerre mondiale désamorcé à Montigny-les-Charbons ? Le journaliste dira : Massacre à l'explosif évité de justesse en vallée de Bourg ! La population encore sous le choc.

Quatrième précepte :
LA MANCHETTE D'UN ARTICLE DOIT AVOIR L'EFFET D'UNE MANCHETTE À LA GORGE

Allez-y sur la ponctuation ! N'hésitez pas ! Points d'exclamation à tire-larigot, point de suspension à donf, de la titraille en gras, des éclatés en haut de page, des couleurs fluo, flashy et, bien sûr, de la photo sexy, du nichon, de la fesse ! Pour qu'un article sur le FMI ou sur les montants de TVA ait la moindre chance de trouver quelques lecteurs, la bonne combine de papy Murdoch : lui accoler une photo de pin-up en string ! Bien des journalistes français feraient bien de s'en inspirer !

Précision : comme son lecteur, le journaliste moderne est soumis au vacarme ambiant, accordéon roumain, travaux urbains généralisés, klaxons, sirènes de police, musique techno, et tout cela ne l'aide pas à se concentrer. Mais, justement, les décibels font la différence, et c'est l'impitoyable loi de la sélection naturelle : à notre époque, le professionnel qui réussit est celui qui parvient à travailler dans le boucan et le tohu-bohu... En journaliste on dira « au cœur de l'enfer technologique ».

Faire des fautes

Fautes d'orthographe, concordance des temps fantaisiste, erreurs de syntaxe, à-peu-près, tout cela est vivement conseillé aux professionnels de la presse. C'est le moyen de se mettre à la portée de son lecteur. Parler mieux que lui serait l'humilier, le stigmatiser, ce serait faire une différence entre le lecteur des beaux quartiers et celui qui a été élevé en ZUP et éduqué en ZEP. Parler ou écrire mal le français est pour l'homme de média un acte citoyen... Rappelons qu'en journaliste le mot « citoyen » est paré de toutes les vertus, synonyme de « bien », « beau », « bon », « louable », « civique », « moral », « solidaire », « formidable », « anti-Bush »... « citoyen » est presque aussi valorisé qu'« équitable ».

Vos phrases sont mal ficelées, mal foutues ? Tant mieux. L'important c'est que vous soyez compris. Même de travers.

Conseil : de temps en temps, à dose homéopathique, placez un mot savant, un imparfait du subjonctif pour montrer que, si vous le vouliez, vous pourriez écrire en français. Le lecteur en sera rassuré, vous vous trouverez « légitimé » à ses yeux.

Exemple de mot savant : « pérenne ».

Exemple d'imparfait du subjonctif : « relogeât ».

Exemple de phrase utilisant à la fois un mot savant et un imparfait du subjonctif : Encore eût-il fallu, pour qu'on parvienne à une solution pérenne, que l'on relogeât les sans-papiers de Cachan.

Quelques erreurs admises et recommandées pour être proche du lecteur :

– le Mexique est en Amérique du Sud;
– New York est la capitale des États-Unis;
– Istanbul est la capitale de la Turquie;
– la Finlande est un pays scandinave;
– confondre l'Irak et l'Iran;
– confondre la Slovénie et la Slovaquie;
– confondre Bucarest et Budapest;
– dire encore URSS pour Russie;
– dire que les Iraniens sont des Arabes;
– dire que l'Indonésie est le premier pays arabe du monde;
– dire un espèce;
– dire rajouter au lieu d'ajouter;
– déplorer les victimes mortelles après un attentat;
– faire suivre après que du subjonctif;
– dire « l'épouse à Borloo » pour désigner Béatrice Schönberg;
– dire « La pièce de théâtre qu'elle a faite jouer à Avignon »;
– sans aller jusqu'à : Le remaniement ministériel que je vous avais parlé s'est effectivement produit, on n'hésitera pas à dire : Le remaniement ministériel dont je vous avais dit s'est effectivement produit.

Si vous répugnez à faire volontairement des fautes d'orthographe, si vous n'y arrivez pas, ce n'est pas un problème ; les correctrices, qui ne sont plus ce qu'elles étaient, en feront pour vous. Et sans le faire exprès.

Une seule idée par phrase !

Et si possible par article !

Exemple :

« Malgré les cris d'alarme des associations de consommateurs, l'Insee affirme que le passage à l'euro n'a pas entraîné de hausse significative des prix dans la grande distribution. »

Trop long, trop compliqué à faire passer, la seule idée qui intéresse le lecteur se résume en trois mots : C'est super cher !

Autre exemple :

« Pour les ménages, les fêtes de fin d'année s'annoncent sous le double signe de la réduction des dépenses et de la crainte des attentats. »

Trop long, trop angoissant – en journaliste on dira « pas assez festif »... La bonne idée à mettre en avant était : Fêtes de fin d'année, les Français plébiscitent le boudin blanc.

Troisième exemple :

« Après dissipation des brouillards matinaux, un ciel sans nuages prendra possession de la quasi-totalité du territoire et les températures de saison relevées sous abri confirmeront la tendance au maintien d'un ciel de saison. »

Trop long, trop confus, il suffisait d'écrire : Il fait beau.

Cinquième précepte :

QUELLE QUE SOIT LA PHRASE, OU L'ARTICLE, MIEUX VAUT PAS D'IDÉE DU TOUT QUE DEUX IDÉES D'UN COUP

Pas d'adverbe, pas d'adjectif

Consigne apparue dans les rédactions au cours des années 1970, à l'époque où l'on s'imaginait sous l'influence des grands news anglo-saxons – quelle plaisanterie ! – que le journalisme devait être informatif, factuel et sobre.

Prose journalistique à l'ancienne.

« L'ambitieux roman de François Puchard, que balaie un souffle épique, remarquablement ciselé d'une verve à la fois classique et célinienne, nous entraîne, sur un rythme époustouflant, dans un maelström de sentiments qui sans jamais condescendre aux facilités de la passion n'en n'est pas moins susceptible de tirer des larmes au plus rassis des misanthropes. Nous tenons notre Cervantès. Enfin. »

Même chose sans adverbe ni adjectif (influence durassienne) :

« Il faut lire François Puchard. Oui. Il faut lire François Puchard. »

De nos jours, Dieu merci, un peu de liberté de ton est revenue dans les colonnes, on a desserré le carcan des idéologues du style. Il est vrai qu'on s'est rendu compte que moins il y a d'adjectifs, moins il y a de lecteurs... L'emploi des adjectifs et des adverbes est de nouveau autorisé, mais avec modération et justesse.

Aujourd'hui, l'excellent roman de François Puchard serait ainsi célébré :

« Il y a urgence à dévorer l'incroyable bouquin de Puchard, c'est formidablement écrit, il y a une vraie émotion... On sent à chaque ligne que, Puchard est, ou va dire, une " belle personne ". »

Des articles courts

Autre impératif prôné dans les rédactions : faire court. On estime que le lecteur, soumis à une vie trépidante et passionnante, est incapable de se concentrer plus de deux minutes, de faire le moindre effort intellectuel. Pas question de le fatiguer avec des articles « tunnels », des renvois en pages intérieures ! Il faut fournir au pauvre type de la lecture « zapping », du style « pepsi » plein de légèreté et de bonne humeur...

L'honnêteté nous oblige à dire que souvent le journaliste ne fait que projeter sur le lecteur sa propre incapacité à se concentrer plus de deux minutes. Lui-même frappé de paresse intellectuelle, peu à l'aise avec la langue française, il a tendance à se laisser distraire en permanence : rencard à l'autre bout de la ville, apparition d'une stagiaire super-canon, petite soif, mal au ventre, tiens, déjà l'heure de déjeuner !

Déficience du journaliste ? Réelle attente du lecteur ? De toute façon le résultat est le même : de petits articles mis bout à bout, des chroniques riquiqui enchaînées l'une sur l'autre et, pour finir, tout un ensemble de minitrucs qu'on distingue mal de la publicité.

Avantages : c'est facile à écrire, c'est facile à saisir – pendant qu'on lit on peut penser à autre chose –, et pour envelopper les radis, il n'y a pas mieux !

Le bon truc : s'inspirer de la presse régionale quotidienne – en journaliste on dira la PQR – dont le style concis percute le lecteur. Exemple :

« RN 4 : auto contre cyclo, un mort. »

Privilégier l'interactivité

Sur tous les sujets – de préférence les plus dénués d'intérêt –, on demande son avis au lecteur, à l'auditeur, au téléspectateur. Une technique surtout utilisée à la radio – en journaliste on dirait « en radio » –, où souvent ce sont les auditeurs qui font eux-mêmes l'émission en tenant l'antenne pendant des heures ! L'idée de base : c'est démocratique.

Via l'Internet, les SMS (0,22 € l'envoi hors coût de la communication opérateur), le téléphone, le bon vieux courrier des lecteurs, on donne sans arrêt la parole aux populations – en journaliste on dirait aux vrais gens –, on « tisse du lien social » à jet continu, on fait du « sociétal » à fond la caisse.

Quelques exemples de thèmes interactifs :

– L'été pourri, pour ou contre ?
– L'heure d'été, qu'en pensez-vous ?
– La réintroduction des loups dans le Mercantour, votre avis ?
– Seriez-vous volontaire pour tester un vaccin contre le sida ?
– Contre le chikungunya ?
– Mon enfant est hyperactif, que faire ?
– Après la grippe aviaire, quoi ?

C'est génial : les intervenants se tapent tout le boulot, ils déblatèrent, ils s'engueulent, il y a débat, ils font l'ambiance et, en plus, ils ne sont pas payés, les imbéciles ! C'est tout bénef.

Être « réactif »

Autour de nous, le rythme a changé. Pendant un quart de siècle, chaque fois qu'on se demandait par exemple : « Jacques Chirac sera-t-il candidat à l'Élysée ? », la réponse était invariablement : « Oui. » Il n'y avait aucun mystère. Aucun doute. On savait où on allait. À présent – autre exemple –, quand on se demande : « Peut-on se taper une bourriche d'huîtres du bassin d'Arcachon ? », la réponse varie de bulletin d'info en flash spécial ! Un coup c'est « oui », un coup c'est « non ». Ce qui restait vrai et assuré pendant vingt-cinq ans ne l'est même plus pendant vingt-cinq minutes ! On ne sait plus où on en est, l'homme moderne est déboussolé...

Conséquence : le journaliste, par le biais des blogs et des communiqués spéciaux, doit pouvoir réagir au quart de tour, rester sur la brèche en permanence et suivre l'actualité minute par minute. Il en est évidemment incapable, mais ce n'est pas grave puisque justement l'information change en permanence ! Les impôts vont-ils baisser, augmenter ? Va-t-on assister au retour tant annoncé de la minijupe ? Le téléphone portable est-il dangereux pour le cerveau ? Journée de mobilisation des syndicats, succès ou échec ?

Le journaliste peut répondre tout ce qu'il veut et n'importe quoi, s'il se trompe maintenant, il aura raison dans une demi-heure.

Être lâche (en journaliste on dit : Être consensuel)

L'époque est bien passée où le journaliste s'engageait dans des grands combats, prenait parti pour de nobles causes, avait une opinion... Désormais, quel que soit le sujet qu'il aborde, dès qu'il doit porter un jugement, émettre un avis – et cela peut être utile pour tirer à la ligne –, la prudence s'impose. Le principe est de prendre de la distance, de mettre en cause des entités vagues.

Exemple :

Plutôt que de se mettre à dos l'industrie automobile et les pétroliers en disant tout crûment : « Le moteur Diesel est une source de pollution majeure », on dira : « Niveau pollution urbaine, ça s'aggrave ! » Ainsi, personne n'est vraiment accusé, on ne sait pas trop ce qui se passe, chacun comprend ce qu'il veut.

Autre formule utile, le quelque part. À quoi bon indisposer les éléphants du PS avec une prise de position intempestive type : « Lionel Jospin, on en a par-dessus la tête, ça commence à bien faire ! », alors qu'il suffit de dire : « Quelque part, les Français ne veulent plus de Lionel Jospin » ? La responsabilité du journaliste n'est plus directement engagée, il ne fait qu'exprimer l'opinion des « Français », et encore avec mesure, puisque c'est seulement « quelque part » qu'on ne voudrait plus du camarade Lionel...

Dernier conseil : nous invitons nos futurs confrères journalistes à ne prendre position qu'au niveau du quelque part.

Deux exercices particuliers

1. *La revue de presse*. Passage obligé dans une carrière, elle exige de se lever tôt et est confiée à des professionnels un peu rassis, des seniors, des presbytes qui font en conséquence l'impasse sur les infos en petits caractères. Ne pas oublier vos lunettes ! Le journaliste, surligneur en main, travaille comme un artisan ; ses outils sont les expressions « croit savoir, en revanche, pas du tout, estime justement, semble lui répondre, ce n'est pas l'avis de »... De véritables boulons verbaux avec lesquels il peut arrimer n'importe quel bout d'article à n'importe quel autre ! Ce qui compte surtout dans une revue de presse est de renvoyer l'ascenseur à quelques confrères, toujours les mêmes, et de citer à part égale les titres qui se vendent et les journaux moribonds, les publications de province et les « grands nationaux ». Exemple :

« Les Français grandissent, croit savoir Jacques Gilliot dans *La Montagne*... Oui, mais ils grossissent, estime en revanche Simone Bouzec dans *L'Humanité*. Alors grands et gros, les Français ? s'interroge Michel Anfray de *Var-matin*. Peut-être, mais il y a aussi des petits, relève notre confrère suisse Valdemar Anvoriaz du *Temps*. L'éditorialiste helvète qui ne mâche pas ses mots affirme, ouvrez les guillemets : « J'ai croisé lors de mes dernières vacances dans l'Hexagone de nombreuses jeunes filles élancées, ravissantes, et plus grandes que moi ! »...

Bref, avec un tel sujet, vous pouvez tenir jusqu'au flash de pub et c'est tout ce qu'on vous demande.

2. *Le commentaire à chaud d'une intervention présidentielle.* À nos futurs confrères qui se trouveraient un jour piégés par cet exercice à risque, très « ausculté » par les services de l'Élysée, on conseillera le bon vieux truc du vide absolu.

Exemple :

« Eh oui, mon cher Patrick Poivre d'Arvor, nous le constatons cette fois : le président de la République française Machin Truc reprend la main... Le gouvernement du Premier ministre Bidule Chose est prévenu. Il va falloir pourtant beaucoup de dextérité au chef de l'État pour ne froisser personne, dans son camp comme dans l'opposition, qui n'attend qu'un faux pas pour monter en ligne. Car force est de le constater, la situation, tant sur le plan intérieur qu'à l'international, demeure fragile. En tout cas, nul à présent ne peut plus l'ignorer, le président de la République française est là et bien là. »

Formidable, vous n'avez rien dit ! Et comme le président lui-même n'avait rien dit, vous n'avez fait au fond que le paraphraser, tout en donnant le sentiment qu'il se passait quelque chose, et qu'il y avait urgence à en rendre compte... Exercice réussi. Vous ne serez pas rétrogradé au service Conso.

Résumé de la leçon

À force de leur répéter qu'on est sorti de la civilisation de l'écrit, les journalistes ont renoncé à écrire. Pour la presse écrite, c'est un coup dur.

Leçon 7

TOUJOURS UN SCOOP D'AVANCE

Tous les survivants de la profession vous le diront : quand on croisait Pierre Lazareff, le grand journaliste, dans un couloir de *France-Soir*, la première et seule question qu'il vous posait tenait en trois mots : Quoi de neuf ? C'est ainsi, l'homme de presse est pour ce qui est neuf. Le drame, c'est que la nouveauté, ce n'est pas tous les jours, alors qu'un journal – surtout un quotidien – ça sort tous les jours. Comme le disait Lénine, le grand bolcheviste, quand on le croisait dans un couloir de la *Pravda* : Que faire ? Raconter n'importe quoi, inventer soi-même sa nouveauté ? Non, bien sûr ! Enfin si, mais en journaliste on dira plutôt : « créer sa propre actualité ». Celle qui vous démarquera de vos confrères, qui vous donnera une longueur d'avance, qui fera de vous un titan de l'information, un croisement de Pierre Lazareff et de Vladimir Ilitch Lénine.

La bonne combine : téléscoper deux sujets pour en obtenir un troisième plus « sexy »

Exemple :

On a d'un côté l'épidémie de chikungunya qui frappe les malheureux Réunionnais, de l'autre d'encagoulés indépendantistes corses qui plastiquent des bâtiments publics dans leur île... Deux sujets vus et revus, et qui n'ont l'un et l'autre rien de folichon. Croisons-les à présent sous le titre : Épidémie de chikungunya dans les rangs du FNLC.

On imagine tout de suite le terroriste encombré de son bazooka pris d'une suée de cheval, d'un mal de ventre incompressible ; on le voit en train de tomber le pantalon dans le décor grandiose des calanques de Piana... C'est visuel, parlant, c'est jeune. On adore.

Évidemment, on nous dira : C'est faux ! Vous inventez l'événement, vous mentez, vous êtes un événementeur !

L'objection mérite d'être prise en compte. Qu'à cela ne tienne, il suffit d'un léger correctif pour sauver le papier : Épidémie de chikungunya dans les rangs du FNLC ?

Un petit point d'interrogation et ça change tout...

Autre exemple :

De violentes tornades s'abattent sur la Floride; dans le même temps les vols de mobil-homes se multiplient à Miami. En soi, chacune de ces informations n'a rien de passionnant, et, en plus, ça se passe loin, on s'en fiche... Essayons maintenant de croiser les sujets sous le titre : Miracle à Miami : il retrouve son mobil-home volé garé dans sa salle de bains !

On se représente la violence du cyclone, le pesant Pontiac qui enfonce les murs, on partage la joie de son propriétaire heureux de le retrouver à domicile... C'est pimenté, mouvementé, ça se termine bien ! Le lecteur applaudit.

Seul problème encore une fois : c'est faux ! Mais à nouveau une infime correction va vous mettre en accord avec la déontologie du métier : Miracle à Miami : il aurait retrouvé son mobil-home volé garé dans sa salle de bains !

Un petit conditionnel et ça change tout...

La précaution utile : avoir toujours une nécro sous le coude

En période d'information maigre, les journalistes font peine à voir, ils échangent des regards angoissés, traînent dans les bureaux, multiplient les coups de fil, relancent leurs correspondants de province... Ils ont pourtant à portée de plume un inépuisable sujet : les décès qui s'annoncent. Comment repérer la personnalité illustre à la santé chancelante, celle ou celui qui bientôt nous quittera, que nous aurons la douleur de perdre ?

Invitez-vous dans les soirées mondaines, les night-clubs, les premières, les réceptions, rôdez de groupe en groupe... Ce qui doit vous attirer l'œil :

– La personne qui tousse au théâtre. Vous nous direz que tout le monde tousse au théâtre, c'est vrai, mais il s'agit de repérer ici la toux grasse qui n'augure rien de bon, la quinte qui s'éternise – plus de trois répliques –, l'expectoration qui force les comédiens à hausser le ton.

– La mobilité difficile est également un signe digne d'intérêt. Jambes flageolantes, raideur des genoux, pertes d'équilibre... On est sur la bonne piste !

– Le petit monsieur qui chipote devant le buffet. C'est délicieux, du Potel et Chabot, et pourtant ça ne tente pas... Il y a perte d'appétit, teint jaunâtre, tremblote sur le toast... Le fragile est localisé ! Vous pouvez rentrer chez vous, allumer l'ordinateur et vous mettre au travail...

On nous dira : C'est horrible, vous êtes des hyènes, des charognards !... Reproche injuste. Le journaliste ne fait que son métier, c'est la nature qui décide du sort des uns et des autres. On a vu d'ailleurs bien souvent de quasi-moribonds vivre jusqu'à des âges canoniques ! Et on a vu en revanche des gaillards à la santé insolente éclater en pleine force ! Allez savoir !

Notre conseil au final : n'hésitez pas à préparer la nécro de gars pétant de santé.

Faut-il préparer la nécro du journalisme ?

Malades, concurrencés, critiqués, dévalorisés, les métiers de presse gardent malgré tout un bel avenir devant eux. Il y aura toujours des accros de l'information, des vieillards à casquette qui liront leur quotidien à l'ombre des platanes, des chômeurs, des mal-logés, des couples échangistes avides de petites annonces, des idiots capables de s'abonner rien que pour recevoir en cadeau de bienvenue une radio réveil-matin, bref il y aura toujours un public... Le journaliste débutant doit toutefois avoir à l'esprit que quatre ennemis en plein essor menacent son métier.

1. *Les blogs.* Personne ne les lit, d'accord, mais ceux qui les écrivent – et ils sont, paraît-il, nombreux – n'ont plus le temps d'acheter le journal. Des clients en moins.

2. *Les journalistes d'occasion.* Intellos à la Duras (coupable, forcément coupable), pseudo-experts, directeurs autoproclamés d'observatoires bidons, tous ces branquignols occupent le terrain, volent le pain du pigiste et font fuir le lecteur, merci !

3. *La presse gratuite*. Avant son apparition, les journaux ne valaient déjà pas grand-chose, mais maintenant qu'ils sont gratuits, ils ne valent plus rien ! Impossible de dire le contraire.

4. *Les coquilles*. Écrire d'une personne qui a « un besoin urgent de soins » qu'elle a « un besoin urgent de seins », c'est ridicule. Au lieu de dire du pape qu'« il fait le signe de croix », écrire qu' « il fait le singe de croix », c'est grotesque... Tout cela cause un tort évident à la profession. Cela étant l'erreur est humaine, le journaliste, comme tout le monde, a le droit de se tromper, il ne faut pas trop chercher la petite bite !

Les journalistes à la niche

On annonce depuis une vingtaine d'années que la presse généraliste est condamnée, que l'avenir appartient à la presse spécialisée, qu'il faut trouver le bon créneau, la niche porteuse d'avenir et de bénéfices. Voici quelques suggestions pour vous aider à lancer, dans les meilleurs délais, votre propre journal, celui qui fera de vous le Citizen Kane du XXIe siècle :

• Chaque année, c'est statistiquement forcé, des milliers de Français possesseurs d'une caravane refont le carrelage de leur salle de bains. Pourquoi ne pas lancer *Carrelage-caravane*, l'hebdo qui tracte un max, ou si vous préférez : l'hebdo qui vous fait des abdos ?

• De plus en plus de magistrats laxistes et démissionnaires ? Lancez *Délit relax*, le mensuel plein de mansuétude.

• De plus en plus d'obèses ? C'est peut-être le moment de lancer un gros journal du soir, avec plein de titres en gras. Ou alors, sur le modèle de *Jeune et jolie*, *Gros et moche*, l'hebdo qui poche (au ventre).

• De plus en plus de conducteurs roulent sans permis ? Ce seront autant de lecteurs pour *Nique ta route*, le mag' de ceux qui s'en foutent.

• Ne pas négliger un titre qui pourrait intéresser les alcooliques au volant, eux aussi de plus en plus nombreux : *Boire ou conduire, pourquoi choisir ?*

• Stars sur le déclin, anciennes vedettes de la chanson, du ciné ou de la politique, ils sont nombreux ceux dont on se demande dans les dîners entre amis : « Mais machin, il n'est pas mort ? »... Lancez *Même pas mort*, le journal de ceux qui bougent encore.

• Autre public en pleine expansion, les racailles des cités, délinquants et consommateurs d'articles de luxe « tombés du camion » ; proposez-leur *Saper pour frapper*, à chaque arnaque la bonne marque !

Résumé de la leçon

> **On aura toujours besoin de journalistes pour écrire sur la crise du journalisme. Et aussi pour faire des coquilles. Et pour occuper les vieux à casquette sous les platanes.**

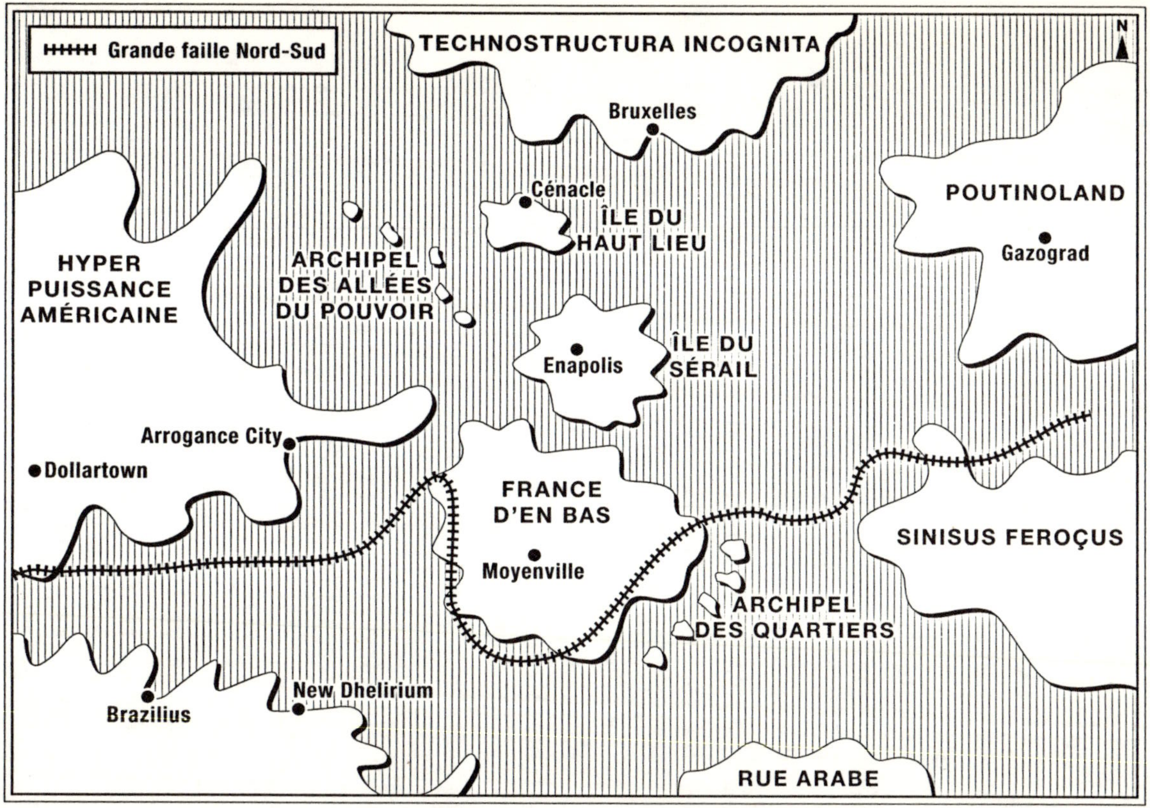

Le monde vu par les journalistes

Leçon 8

LE MONDE TEL QU'IL EST PERÇU PAR LES JOURNALISTES

Le journaliste a une vision du monde très personnelle. Lui qui fréquente les grands de la planète – ou qui du moins connaît des confrères qui peut-être les fréquentent –, il a tendance à voir les choses de loin, comme une sentinelle du haut de son mirador ou comme un entomologiste dans la lunette de son microscope. C'est de cette façon qu'il déchiffre l'univers. Fatalement, la distance nuit à la précision de ses analyses...

Imaginons le monde comme le voit le professionnel des médias : une pyramide. Il y a d'abord le haut lieu, siège du pouvoir et de l'autorité. Pour le journaliste, y avoir accès est la récompense suprême. On se bat pour interviewer le chef de l' État, pour s'envoler avec lui vers les capitales lointaines. C'est dans l'avion présidentiel à dix mille mètres d'altitude que le haut lieu prend tout son sens. Parfois, dans l'euphorie des hauteurs, une grosse légume se laisse aller à des confidences non contrôlées – en journaliste on dit *off the record* – et c'est une source de petites phrases qui feront les gros titres.

Dans la pointe la plus extrême de la pyramide se tient, très à l'étroit, le cénacle. C'est là que l'élite de l'élite se rassemble et prend les décisions les plus importantes – et souvent les plus folles : 35 heures, CPE, force d'interposition au Liban, tunnel sous la Manche, entrée de la Turquie dans l'Europe, etc.

Quand il évoque le haut lieu, le journaliste se montre respectueux et mesuré. Il note par exemple : En haut lieu, on observe un silence prudent »; En haut lieu, on suit l'affaire avec attention... Mais il peut lui arriver aussi d'être plus incisif : En haut lieu, on ne semble guère se soucier de ce qui préoccupe les Français ; En haut lieu, on a visiblement d'autres chats à fouetter que d'écouter les Français...

Attention, n'allons pas trop loin ! Égratigner trop durement le haut lieu c'est risquer d'en être exclu. Et pour le journaliste tricard, la chute est terrible : les confrères qui le jalousaient ne lui feront pas de cadeau. Le pauvre type n'a plus qu'à se rabattre sur les soirées VIP de chez Castel.

Menant au haut lieu, voici les allées du pouvoir. Le bon journaliste doit s'y aventurer pour s'y faire d'utiles relations. Il y croise parfois, parmi les étoiles montantes de la scène politique, des personnages atypiques, en clair des infiltrés qui ne sont ni des énarques ni des polytechniciens. Qu'on se rassure : ils ont au moins fait Normale sup'.

Les allées du pouvoir bruissent de rumeurs. Infos ? intox ? En professionnel du bobard, l'homme de presse est armé pour faire le tri – en journaliste on dira pour « décrypter ».

Descendons plus bas dans les entrailles de la pyramide... Donnant accès aux allées du pouvoir, voici le sérail, le réservoir à talents de la République, peuplé de jeunes politiciens promis au plus bel avenir, de hauts fonctionnaires, de personnalités éminentes, chefs d'entreprise bailleurs de fonds, artistes subventionnés, grands couturiers, médaillés olympiques, bref tous ceux qui participent aux cocktails, aux remises de Légion d'honneur, au pot du 14 Juillet à l'Élysée – en journaliste on dira les *exclusive people*. Ce sont les initiés, les *happy few*, le gratin, ils ne savent pas grand-chose en vérité de ce qu'il se trame en haut lieu, mais ils ont le sentiment qu'on tient compte de leurs avis. Ne les détrompons pas...

Le journaliste qui veut réussir doit faire partie du sérail.

Haut lieu, allées du pouvoir et sérail baignent dans ce que le journaliste appelle la technostructure. On ne sait pas trop ce que c'est, mais on sent que c'est redoutable ; il y flotte des relents de FMI, d'OCDE et de Pacte atlantique. Si possible, se tenir à distance.

En opposition au haut lieu et à ses dépendances, voici la France profonde, également appelée France d'en bas. Une vaste zone peuplée de Français moyens, voire de citoyens lambda, qui sont soit « sur Paris » soit « en région ». De braves gens anonymes sur le sort desquels on s'apitoie à longueur de colonnes et dont on se veut les interprètes...

Globalement, les Français sont inquiets pour leur pouvoir d'achat, râleurs et individualistes, conscients qu'il faudra faire des sacrifices tout en étant rétifs à la réforme, méfiants envers la classe politique et plus encore envers les journalistes...

Entre les Français et les journalistes, on pourrait dire que c'est une histoire d'amour contrariée, avec des portes qui claquent, des éclats de voix, des incompréhensions mutuelles... Exemple : pour le citoyen lambda qui est en région, passer sur Paris est toute une affaire. Voiture, train, embouteillages, avion retardé, brouillard et givre... pour le journaliste, en revanche, la planète est un village où tout est vécu en direct *live*. Bref, entre les uns et les autres il y a écart de perspective, divergence de point de vue.

Le nœud de l'affaire tient toutefois à une ambiguïté plus fondamentale encore : le journaliste, pour des raisons commerciales, doit faire croire qu'il est un Français moyen alors qu'il se sent très au-dessus du lot du simple fait d'avoir sa carte de presse en poche. Finaud et intuitif, le Français flaire l'arnaque et n'achète plus son journal.

D'où une angoisse montante dans les rédactions.

Parmi les Français, signalons les « jeunes », sous-catégorie qui gravite dans les cités, et dont les activités – rodéo, bris de vitrine, pillages et trafics – constituent une menace pour la stabilité de la pyramide. On s'efforce de calmer les jeunes à coups de terrains de basket et de descentes de police, sans résultat probant pour le moment.

Pour les journalistes, il faut « écouter ce que disent les jeunes ».

Autour de la France [1], un sous-ensemble mou : l'Europe, dont on ne parle que sur le ton de la déploration : l'Europe est désunie, elle manque de volonté politique, elle ne s'exprime pas d'une seule voix, c'est un géant économique (un plus grand marché que les États-Unis !) mais hélas un nain politique... L'Europe peut également être tenue pour responsable de certains des maux qui accablent la France : bureaucratie étouffante,

1. Voir carte page 92.

règlements tatillons... Malgré tout, les journalistes s'accordent à reconnaître qu'on souffre d'un cruel « déficit d'Europe ».

À l'ouest, l'ennemi que l'on fustige mais que l'on jalouse en même temps : l'hyperpuissance américaine. Elle est peuplée d'« États-Uniens » arrogants et ignorants qui semblent prendre plaisir à verser du vinaigre sur notre complexe d'infériorité. Mecque de l'ultralibéralisme, l'hyperpuissance américaine s'oppose au modèle social français que le monde entier nous envie.

À l'est, les journalistes intellectuels croient voir l'Orient compliqué, référence lettrée au général de Gaulle. À ce concept complexe, on préférera « la rue arabe » qui généralement gronde ou exprime sa colère. La rue arabe constitue un contrepoids à l'hyperpuissance américaine et la France, terre de raison et de bon sens, tient le juste milieu entre les deux entités. Les journalistes, sages d'entre les sages parmi les Français, donnent le ton et distribuent blâmes et bons points.

Passant quelque part dans le tableau, la célèbre et regrettable fracture Nord-Sud qui isole les méchants nantis des gentils crève-la-faim victimes de l'impérialisme, du néocolonialisme et du paludisme.

Un peu partout autour, les pays émergents comme la Chine, l'Inde, le Brésil, dont on ne sait pas trop où ils se trouvent et dont on sous-estime – pour ne pas affoler les Français – l'impact qu'ils vont avoir sur nos économies et civilisations chancelantes.

Le journaliste intellectuel : une plaie pour la profession

Le journaliste intellectuel est celui que l'on comprend encore moins que ses confrères. Dans le métier, tout le monde convient de son intelligence, de sa très grande intelligence, mais c'est justement son drame : il est tellement intelligent qu'on ne comprend pas ce qu'il raconte. Disons-le franchement : chaque matin, quand il se lève pour écrire sa chronique sur l'Ouzbzékistan ou son édito sur le taux ajustable des fonds de pension, le journaliste intellectuel va plomber les ventes et faire perdre de l'argent à son employeur. On peut dire plus simplement qu'il ferait aussi bien de rester au lit.

Mais même ça, intelligent comme il est, le journaliste intellectuel ne le comprend pas !

Ce que le journaliste comprend le mieux au monde : lui-même

Plutôt que de courir le monde pour l'observer, le journaliste d'aujourd'hui reste à son bureau et s'observe lui-même. C'est un sujet dont il ne se lasse jamais. Il est à ses propres yeux un perpétuel objet de fascination et de surprise... Utilitariste, doté d'un fort sens pratique, il fait feu de tout bois pour se servir au mieux de sa personne – en journaliste on dira : pour « s'instrumentaliser ».

Il se casse une jambe aux sports d'hiver, sombre dans l'alcoolisme, est victime d'une attaque cardiaque, est mis en examen pour abus de bien social et prise illégitime d'intérêt ? Aussitôt il en tire un article, un reportage, peut-être un livre ! Il devient le spécialiste de son malheur, on l'invite partout pour qu'il en parle, il s'impose comme une référence aux yeux de ses confrères. Tous vont maintenant attendre d'être frappés par le sort pour connaître la gloire à leur tour.

Et cela nous amène à aborder un bien triste sujet : celui des journalistes, stagiaires, titulaires et autres pigistes qui, année après année, tombent stylo ou micro en main, victimes de leur devoir.

Celui-ci est frappé par un drone dans les gravats d'un souk, cet autre est fauché avec sa caméra par la Porsche d'usine du rallyman finlandais Olaf Varinen, ce troisième était à bord du Yakovlev 40 abattu par erreur par un missile kalmouk... Cet autre enfin, gorgé de whisky et de cocaïne, n'a pas eu le temps de fuir son hôtel en feu dans le quartier des filles de Bangkok. Triste énumération funèbre, hélas ! non exhaustive...

Certes, d'autres professions sont également frappées dans l'exercice de leur métier : chauffeurs routiers qui dérapent sur l'autoroute, marins pêcheurs heurtés par un sous-marin, bouchers victimes d'un accident de coutelas... Pourquoi ne jamais parler de tous ceux-là ? Il est temps de faire amende honorable – en journaliste on dira : de « faire repentance ». Prenant l'initiative au nom de toute la profession, sortant peut-être un tantinet de notre rôle – mais qu'importe ! –, nous proposons ici que désormais, chaque année, les responsables de Journalistes sans frontières, annoncent en même temps que le nombre de confrères victimes de leur métier, celui des grands blessés de la filière bovine.

Résumé de la leçon

Le journalisme a une vision pyramidale du monde. C'est ce qui explique le pullulement des vieilles momies dans le métier.

Leçon 9

CE QU'ON APPREND DANS LES ÉCOLES DE JOURNALISME

Faut-il s'inscrire dans une école de presse, suivre des cours pendant des années, passer des concours, enchaîner des stages ? La réponse est non, non, non ! Comme la conduite sport, la danse du ventre ou la pâtisserie au beurre, le journalisme ne s'apprend pas, le journalisme est un don du ciel ! Pourquoi payer de prétendus professeurs, souvent des anciens du métier particulièrement mauvais, pour apprendre des choses aussi évidentes que : « Tout article doit être précédé d'un titre » ou encore : « Le lecteur moyen s'intéresse davantage à ce qui se passe près de chez lui qu'à ce qui arrive à Pétaouchnok » ? Depuis l'invention de la pizza – un bout de pain tomaté vendu cent fois son prix –, l'école de journalisme est la plus grande arnaque de l'histoire occidentale contemporaine. Au mieux, on y acquiert un petit vernis qui permettra, dans le meilleur des cas, de décrocher un mi-temps déprimant dans une feuille de province.

Voici, en trois coups de cuillère à pot, le programme de ces officines que la loi devrait contrôler avec plus de rigueur.

Les fameuses cinq questions

On enseigne à l'apprenti journaliste que toute information doit répondre aux cinq interrogations suivantes : Qui ? Quoi ? Quand ? Où ? Comment ? La lourdeur du procédé saute aux yeux, il rappelle le poulet aux cinq parfums des Mandchous, les cinq mastodontes de l'Afrique équatoriale (lion, éléphant, girafe, rhinocéros, Laurent Gbagbo), les cinq doigts de la main ou encore les Jackson Five.

Prenons, au hasard, un exemple d'information : « Le président de l'UMP a reçu ce matin, avec stupeur, une tarte meringuée au citron dans la figure. »

Qui ? Le président de l'UMP.

Quoi ? Une tarte meringuée au citron.

Où ? Dans la figure.

Quand ? Ce matin.

Comment ? Avec stupeur.

C'est donc, pour les écoles de presse, ce qu'il convenait de dire. Pour le lecteur, c'est très insuffisant. Voici, mesdames et messieurs, le texte qu'on aurait aimé lire : « Tandis que ses gardes du corps repoussaient sans ménagement une bande de jeunes issus des quartiers, le président de l'UMP qu'accompagnait une délégation du syndicat des métallurgistes CFTC, a reçu ce matin, avec stupeur, une tarte meringuée au citron en plein visage. Certains diront qu'il ne l'a pas volé. Sa veste imbibée de crème, l'entarté a tenté de placer un uppercut à son entarteur. Tout cela s'est terminé au commissariat de la ZUP dans un concert de bris de vitrines. »

On voit que l'on répond ici à bien d'autres questions que celles, sèchement académiques, prônées par les écoles de journalisme. Pourquoi ? Avec qui ? Et son costume ? Et les gardes du corps, qu'est-ce qu'ils fichaient ? Quid de l'assaillant ? Que retenir de l'incident ? À tout cela, des réponses circonstanciées sont apportées.

Pourquoi le président de l'UMP a-t-il été entarté ? Parce que – selon certains – il ne l'avait pas volé. À retenir : l'info ici est également une opinion, ce qui souligne sa belle richesse.

Avec qui était-il ? Une délégation du syndicat des métallurgistes CFTC, mais ça franchement on s'en fout.

Et son costume ? Imbibé de crème, du moins la veste.

Et les gardes du corps, qu'est-ce qu'ils fichaient ? Ils repoussaient des jeunes à l'arrière du convoi. D'où l'on peut déduire que la colonne de l'UMP est tombée dans une véritable souricière façon Bagdad.

Quid de l'assaillant ? Il s'est retrouvé au commissariat de la ZUP, ce qui en langage de presse signifie passage à tabac – et peut-être bavure (réservez trois colonnes en une).

Que retenir de l'incident ? On a gâché une tarte meringuée au citron, dans un pays qui compte des millions de chômeurs, smicards et RMistes ! Révoltant.

Nous avons cette fois une information complète, riche en précisions, qui devrait passionner et satisfaire les lecteurs les plus exigeants. Cela dit, il y manque encore des détails...

L'entarteur était-il marié ?

A-t-il charge de famille ?

Que venait faire le président de l'UMP dans cette banlieue manifestement hostile à toute réforme et en tout cas à sa politique ultralibérale ? Provocation, opération commando, erreur de GPS ?

Et si sa veste est imbibée de crème citron, qu'en est-il de son pantalon ? Est-ce au moins un tissu lavable ? À sec ? Qui va payer ? Le contribuable vache à lait, comme d'habitude ?

À toutes ces interrogations fondées et légitimes – en journaliste on dira « pertinentes et citoyennes » –, l'article ne répond pas. Et cela nous apprend une chose que l'on néglige d'enseigner dans les écoles de presse : le bon article n'est jamais terminé, le bon article est toujours perfectible. Voilà pourquoi, ami apprenti journaliste, tu ne dois pas trop te fatiguer à l'écrire. À quoi bon la « prise de tête », la précision maniaque, le soin méticuleux ? De toute façon, ce ne sera jamais assez !

La sempiternelle charte rédactionnelle

Dans les écoles de journalisme, tout en vous pompant votre argent, on vous apprend prétendument à ordonner l'information, à la rendre accessible au client, compréhensible, articulée. En clair, chaque article doit être précédé d'un chapeau – on écrit généralement « chapô » – qui le résume et d'un titre qui le signale et attire l'attention.

Si l'on reprend le fâcheux incident décrit cidessus, voici ce que devrait être la titraille officielle.

Titre : « Le président de l'UMP en visite dans les banlieues ».

Chapô : « Les jeunes des quartiers ont réservé un accueil contrasté mais chaleureux au candidat à l'Élysée. »

Ici encore, on sent que le rendu de la réalité est loin d'être parfait. On suggérera plutôt :

Titre : « Baston générale en banlieue nord ».

Chapô : « Séché à froid par un jet de tarte en pleine poire, le candidat gaulliste pète les plombs : 57 arrestations. »

Déjà, on a davantage envie de lire... Mais on peut faire encore nettement mieux :

Titre : « En pleine gueule ».

Chapô : « La provocation sarkozyste tourne à la guerre civile. Les émeutiers tirent à balles réelles sur le convoi du ministre. »

Pour le coup, c'est indiscutable, on se jette sur l'article, on le dévore, on en redemande ! C'est du travail de « pro », du boulot de qualité supérieure, du journalisme avec un grand G !

Toutes ces salades avec la culture générale...

On nous dit, dans les écoles de presse que le professionnel des médias doit avoir une solide culture générale. Rien de plus faux ! Historien de l'instant – on ne le répétera jamais assez –, le journaliste peut acquérir instantanément son savoir. À quoi bon s'encombrer le cerveau par avance avec l'économie, la démographie, la géographie de la Mauritanie ou les techniques agraires des nomades de Bornéo ? Dès que le besoin s'en fait sentir, s'il se passe quelque chose par là-bas, coup d'État, famine, tremblement de terre, tsunami de sauterelles, un petit coup sur Internet et c'est bon ! De toute manière, le lecteur en sait encore moins que le journaliste et ne tient pas à en savoir plus.

D'ailleurs, s'il veut tellement en savoir plus, le lecteur, il n'a qu'à aller sur Internet !

Autrefois le journaliste dépassé par un sujet se disait à lui-même : « Ferme ta gueule ! » Aujourd'hui, il se dit : « Ouvre Google ! »

Tout de même, il peut être utile de posséder un bagage de connaissances minimal qu'on utilisera avec profit lors des entretiens d'embauche. Pour la première fois au monde, voici – en quarante-cinq secondes – toute la culture générale nécessaire au journaliste :

• La France est un hexagone de 550 000 km ^{2} dans lequel fermentent 365 variétés de fromages. Ce qui donne un fromage par 1 520 km ^{2} ! Record du monde !

• À l'origine la pétanque, sport national des Français, est un jeu de boules lyonnais que l'on pratiquait les pieds joints ou « tanqués » – d'où le mot pétanque ! À replacer dans les « sujets vacances ».

• On estime que le premier journal connu est une paroi de grotte du site de Bielorovatch, en Moravie. On peut y « lire », en six peintures rupestres, le récit d'une chasse à l'aurochs qui tourne à la cata ! Dans le recoin en haut à gauche (se munir d'une lampe frontale), on distingue un chasseur salement piétiné par un mammouth. La tragédie a dû faire la « une » à l'époque dans la vallée glaciaire... On retiendra que nos ancêtres, bien que dénués de carte de presse, avait déjà le goût du sensationnel !

• On connaît le prénom du célèbre Rouletabille : Joseph. Nul ne connaît en revanche celui du tout aussi légendaire Tintin ! Les plus récentes études bruxelloises penchent pour Moustafa.

• Parmi les journaux les plus lus au monde figurent *Le Journal d'un curé de campagne* et

Le Journal d'Anne Frank. Mais ils ont l'un et l'autre cessé de paraître.

• La pierre de Rosette n'a rien à voir avec la rosette de Lyon.

• De même, le comte de Monte-Cristo entend faire savoir qu'il n'a rien de commun avec le nougat de Montélimar.

• Les grandes religions sont le bouddhisme, le judaïsme, le christianisme, l'islamisme, l'espérance industrielle et le football.

• Il ne faut pas confondre islam et islamisme. Faute de quoi on a vite fait de se prendre une fatwa sur la tronche !

• Les quatre goûts les plus plébiscités par le public sont le sucré, le salé, l'acide et l'amer, auxquels on peut ajouter la harissa (en proportion raisonnable).

• La partie émergée d'un iceberg représente un neuvième de sa masse. La partie émergée de Jacques Chirac est à peine moindre.

• Contrairement à ce que certains ont prétendu, Jean-Paul II n'était pas le fils de Jean-Paul Sartre. La famille tient à préciser qu'il ne l'a jamais été.

• En dépit d'une trompeuse parenté phonétique, la ville de Cuzco n'est pas la capitale du couscous.

• Il ne faut pas confondre le patron des journalistes, saint François de Sales, avec un grand patron de presse style Axel Ganz. Le patron de presse n'est pas un saint.

• L'humanité compte aujourd'hui plus de six milliards d'individus, et pourtant *l'Humanité* a toujours aussi peu de lecteurs ! C'est un des mystères de la presse.

• Le patron des journalistes est peut-être saint François de Sales (voir ci-dessus), mais le patron des correcteurs est sans conteste saint Jacques, l'inventeur de la coquille.

• Les cinq plus grands génies ayant jamais vécu sont Mozart, Picasso, Léonard de Vinci, les Beatles... Quant au cinquième, choisis-le toi-même parmi tes vedettes préférées et envoie ton coupon-réponse avant la fin du mois !

Les reporters à travers les âges

Avant même que la profession de journaliste soit inventée, de hardis précurseurs, souvent au péril de leur vie, ont décrit au fil des siècles les grands événements du monde – en journaliste on dira : « Ils furent d'irrésistibles accoucheurs de la vérité. » Citons pour mémoire : le scribe égyptien qui, accroupi dans l'ombre des pharaons, gravait sur papyrus et marbre des hiéroglyphes ancêtres du code typo ; le moine rivé à son lutrin, copiste et enlumineur d'incunables ; le chroniqueur en armure façon Godefroy de Bouillon, récits de croisade, joutes et opinions ; le poilu de mauvais poil qui tenait, entre gazage et mutineries, ses petits carnets de tranchées souvent tranchants ; le grand voyageur et ses relations de circumnavigation, de flèche au curare en tempête tropicale, des narrations de vacarme et de découverte ; les défroqués et libertins qui pour moquer le roi éditaient des libelles factieux et fréquemment finissaient sur la roue.

À tous, grand merci !

Les grandes figures du journalisme

Au cas où l'un de ces noms serait cité dans une discussion entre confrères – ce qui serait malgré tout étonnant –, vous devez absolument le connaître ! Faute de quoi vous passerez pour un nul. À vous de voir.

• Théophraste Renaudot. Il a créé le premier journal, *La Gazette*, en 1631. La publication, de style clairement vieille France, reste surtout remarquable par son prix, le fameux prix Renaudot.

• Albert Londres. Infatigable et brillant globe-trotter, il a péri dans un naufrage.

• Edwy Plenel. Il a lui aussi connu un naufrage, avec le journal *Le Monde* qu'il a coulé. Mais lui a survécu.

• Pierre Lazareff. Patron de presse mythique, directeur de *France-Soir*, fumeur de pipe émérite, il a cassé la sienne en 1972. Avec ses amis Pierre

Desgraupes, Pierre Dumayet et Igor Barrère, il a longtemps concurrencé les Frères Jacques dans les années 60.

• Françoise Giroud. Elle fut la première femme journaliste à répéter sans arrêt qu'elle était la première femme journaliste.

• Bob Woodward et Carl Bernstein. Grandes figures du journalisme d'investigation américain, ils ont réussi à pousser à la démission le président Richard Nixon. En France, personne n'a réussi à déboulonner Jacques Chirac, ni d'ailleurs Mitterrand, ni d'ailleurs qui que ce soit, et pourtant ce ne sont pas les scandales qui ont manqué ! Woodward et Bernstein ont été incarné à l'écran par des acteurs de premier plan, Robert Redford et Dustin Hoffman. Chez nous, aux dernières nouvelles, Alain Delon refuse toujours d'incarner Alain Genestar. Dany Boon en revanche accepterait de prêter ses traits à Serge July.

• Patrick Poivre d'Arvor. Illustration du journalisme inamovible à la Brejnev. On ne sait plus très bien depuis quand il présente le « 20 heures » de TF1. 1937 ? 1955 ? Seule une analyse au carbone 14 de ses implants capillaires permettrait une datation précise, mais ce n'est pas pour tout de suite... Nous conseillons la patience aux jeunes confrères désireux de se carrer les fesses dans son fauteuil.

Quelques grandes affaires qui ont marqué la presse

• L'affaire du courrier de Lyon. Ténébreuse histoire. On ne sait plus trop de quoi il retourne... En revanche, pour l'affaire du courrier de Marseille-Sud, on sait très bien ce qui se passe : grève perlée dans les bureaux de tri !

• L'affaire Dreyfus : le capitaine Louis Dreyfus, parce que juif, est accusé à tort de trahison. Le journaliste Zola en profite pour lancer son célèbre « J'accuse » et se tailler une formidable publicité sur le dos du malheureux, qui est expédié au bagne. Bien joué, Zola !

• L'affaire Clearstream. Un journaliste courageux, Denis Robert, tente d'incriminer toute la classe politique... Il échoue, son livre est interdit, on n'y comprend rien, encore moins qu'avant ! Merci, Denis Robert !

Résumé de la leçon

Le journaliste a moins besoin de culture générale que de culture physique. Tous ceux qui ont échappé à un bombardement ou à un molosse lâché à leurs basques en fin d'interview vous le diront... Penser vite c'est bien, courir vite c'est mieux.

Leçon 10

CE QU'ON N'APPREND PAS DANS LES ÉCOLES DE JOURNALISME

À quoi bon vous expliquer en long en large et en travers la différence – qui crève les yeux – entre un quotidien et un hebdomadaire, alors que la seule question qui préoccupe les Français est de distinguer un bimensuel d'un bimestriel ? Pourquoi vous apprendre, soi-disant, à rédiger un article, à le titrer, à légender une photo, à ne pas oublier les *copyrights* ? Tout cela n'a aucune importance ! Tout cela n'est bon qu'à fabriquer des gratte-papier médiocres, des petites pointures de l'info, des minus de l'actu ! Voici ce qu'il faut vraiment savoir pour devenir un professionnel, une Christine Ockrent du XXIe siècle, un Larry King français, un poids lourd des médias.

Les règles d'or du journalisme (également appelées grosses ficelles)

La réalité étant infiniment complexe, il serait infiniment compliqué de chercher à l'expliquer. Il convient donc, et avant tout, de procéder à des simplifications massives. Exemple d'une information compliquée :

« Du fait du réchauffement climatique, d'ailleurs contesté par certains scientifiques, on peut s'attendre à une relative fonte des banquises, ce qui entraînerait une élévation modérée et progressive du niveau des océans dans un laps de temps qu'il est aujourd'hui difficile d'évaluer. »

La même information telle qu'un bon journaliste se doit de la répercuter :

« L'île de Ré menacée d'un tsunami géant. Les *people* en première ligne. »

Non contente d'être complexe, la réalité est aussi d'une banalité affligeante, souvent très ennuyeuse. Le travail du journaliste est de la rendre croustillante, de la « survendre », de la monter en sauce, en un mot de l'exagérer.

Exemple d'information plate et rasoir :

« On note cette année un léger fléchissement des locations longue durée dans l'île de Ré. Ce repli s'opère, semble-t-il, au profit des courts séjours, tendance d'ailleurs observée sur l'ensemble du littoral charentais. »

L'info « travaillée » :

« Effet de la fonte des banquises : les touristes fuient massivement l'île de Ré. La filière fruits de mer et bigorneaux frappée de plein fouet exige l'aide des pouvoirs publics tandis que dans leurs villas désertées Lionel Jospin et Philippe Sollers scrutent à la jumelle l'horizon d'où surgira la vague mortelle. »

Sixième précepte :
SIMPLIFIER ET EXAGÉRER

On prétend souvent que les lecteurs, auditeurs et téléspectateurs du JT tiennent à être informés et que ce serait le devoir sacré du journaliste de répondre à cette attente. Rien de plus faux ! La réalité, on vient de le voir, est complexe et ennuyeuse, mais elle est aussi très angoissante. Le Français, qui a déjà bien assez de problèmes comme ça, ne tient pas à ce qu'on lui prenne la tête, qu'on le démoralise, qu'on lui gâche sa soirée.

Il ne tient pas à être informé, il veut seulement avoir le sentiment de l'être.

Ce qui arrange tout le monde.

Exemple d'information abrupte et déprimante :

« Après la victoire de l'équipe de France de football, les supporters se sont rendus en masse sur les Champs-Élysées où la fête a malheureusement été gâchée par des violences. Bris de vitrines, voitures brûlées, pillages... Trois millions d'euros de dégâts. »

La même information lissée et sympa :

« Après la victoire de l'équipe de France de football, les supporters par milliers se sont rendus sur les Champs-Élysées où la fête a battu son plein jusqu'à l'aube, dans une ambiance chaleureuse et bon enfant tout juste émaillée de quelques incidents sans gravité. »

Septième précepte :
TOUJOURS PRIVILÉGIER LE BON CÔTÉ DES CHOSES

Dans toutes les rédactions, on entend dire depuis des lustres qu'il faut écrire pour la « lectrice de province » ou l'« abonné de Saint-Flour ». En clair, cela signifie qu'il faut se mettre à la portée du lecteur le plus bas de gamme, à la fois inculte et crétin – mais tout à fait respectable puisqu'il est un client. Cela implique d'user d'un vocabulaire accessible à tous, épuré de tout mot savant, exempt de toute phrase trop longue, de toute idée nécessitant réflexion.

La formule est : « article court, phrase courte, idée courte ».

Exemple d'information trop élitiste destinée à un public de diplômés :

« Nonobstant les assurances du gouvernement irakien qu'il juge obsolètes, le comité des ulémas reste très méfiant en ce qui concerne les préparatifs de la fête de l'aïd el-kébir. Rappelons que la majorité chiite refuse à la minorité sunnite l'accès aux abattoirs rituels de la ville sainte de Jerbaala et que, alors que les passions s'exacerbent, seule une intercession kurde auprès du vénéré ayatollah Almoudarhi pourrait calmer les esprits. Dans l'attente d'un hypothétique accord entre les factions, les tribus et les chefs de clans, les agneaux ne s'en sortent pas trop mal. »

« Nonobstant », « obsolètes », « aïd el-kébir », « s'exacerbent »... S'il veut avoir une faible chance de comprendre, le lecteur devra ouvrir un dictionnaire – ce qu'il ne fera évidemment pas. Il préférera aller faire un tour et boire une bière.

La même information mise à la portée de tous :

« Violente querelle d'Arabes en Irak autour d'une fête religieuse. Brigitte Bardot prête à adopter 5 000 moutons pour leur éviter le coup de couteau à la gorge. »

Huitième précepte :

LE LECTEUR NE DOIT JAMAIS AVOIR À OUVRIR UN DICTIONNAIRE

Autrefois le journaliste exerçait une fonction magistrale. Tel un professeur, il prétendait non seulement informer ses lecteurs mais encore leur expliquer la marche du monde, leur apprendre la vérité des choses. Même quand il n'y comprenait pas grand-chose, le brave type faisait des efforts pour présenter une grille de lecture articulée et cohérente. Depuis Mai 68 et la fin proclamée du mandarinat, le journaliste et le lecteur sont au contraire dans un rapport d'égalité. S'il veut vendre sa copie, le professionnel des médias doit désormais jouer la proximité avec la clientèle, lui montrer qu'il n'est ni plus savant ni plus malin qu'elle. Chose inimaginable il y a encore vingt ans, le journaliste d'aujourd'hui peut avouer son ignorance, son incompréhension et même la revendiquer !

Information du type « loin des gens » :

« Dominique Voynet reste candidate, Yves Cochet ne renonce pas, Noël Mamère laisse entendre qu'il pourrait peut-être, sous certaines conditions, prendre ses responsabilités tandis que les militants de la motion 2, ralliant les camarades de la motion 4, sont de plus en plus nombreux à réclamer une candidature unique à la gauche de la gauche. Bref, la situation se clarifie enfin chez les Verts. »

La même info « proche des gens » :

« Élection bidon, tractations de coulisses, ralliements et trahisons... Une seule chose reste sûre dans l'affaire de la désignation du candidat écologiste à la présidence de la République : on n'y comprend plus rien. »

Par cet aveu plein de fraîcheur et d'humilité, le journaliste dit au lecteur : « Je suis ton frère en ignorance, ton miroir, achète mon journal, il parle de toi. »

Neuvième précepte :

NE PAS HUMILIER SON LECTEUR

Pour des raisons sur lesquelles il serait vain de s'attarder – pesanteurs sociologiques, air du temps, paresse intellectuelle –, le milieu journalistique est très largement progressiste et antiaméricain. Il est par conséquent recommandé, si l'on veut réussir dans la profession, d'adopter la ligne générale en truffant son texte et ses propos de bons sentiments et de remarques hostiles à l'Oncle Sam. Bien sûr, ce n'est pas obligatoire. Réussir n'est jamais obligatoire.

Information « réac » et neutre :

« On compte de plus en plus d'obèses en France, dans toutes les classes d'âge. Le ministère de la Santé lance un cri d'alarme. »

Information agréée SNJ (Syndicat national des journalistes) :

« L'invasion du modèle culturel américain nuit gravement à la santé des Français. On ne le dira jamais assez, à apport calorique égal, le hamburger bacon-cheese est deux fois moins digeste que le croque-madame pain Poilâne arrosé d'un petit beaujolais. »

Dixième précepte :
QUEL QUE SOIT LE SUJET ÊTRE ANTI-BUSH

Savoir dire les choses

Ce qui suit concerne surtout les futurs journalistes de l'audiovisuel. Un domaine où plus encore que dans la presse écrite, la mauvaise connaissance d'un sujet importe moins que la bonne intention affichée. Si vous travaillez à la radio ou à la télé, adoptez en toutes circonstances la bonne mimique, l'intonation qui convient.

Vous devez parler de l'Italie : optez pour un sourire goguenard et légèrement supérieur du style : « Ils sont sympas ces Italiens mais, chez eux, c'est vraiment le royaume de la bricole. »

Vous évoquez Israël, l'Amérique, Bush, Blair : réprobation, air pincé, on n'est pas content et on le fait sentir.

Trois jours après le tremblement de terre qui a ravagé la ville de Shmutz au Nazakstan, une femme accouche dans les ruines : petit hochement de tête, regard humide, humilité heureuse style : « La vie l'emporte malgré tout ».

N'importe quelle info en rapport avec Johnny Halliday, le vieux chanteur repart en tournée, fête ses 65 ans, adopte un autre enfant, redivorce, adhère à l'UMP, se pète le col du fémur, déménage aux îles Caïman : sourire sympa show-biz avec légère distanciation bienveillante. Le message est : « Ah ! ce Johnny ! Il en fera jamais d'autre, on en a qu'un comme lui ! ».

Reprise d'un conflit en Afrique, génocide, famine, guerre tribale, virus Ebola et pandémie de grippe aviaire : masque compassionnel, affliction, soupir d'impuissance, et très vite on passe à autre chose. Vous n'êtes pas là pour attrister le public, surtout à l'heure des repas.

N'oubliez pas :
LE BON JOURNALISTE MET DE L'AMBIANCE

Mariage princier à Monaco, à la cour du Danemark ou en Thaïlande : demi-sourire républicain, petite moue provoc' mais dans la retenue. N'oublions pas que le Français, bien que sans-culotte dans l'âme, adore les fastes d'Ancien Régime et que plus d'un journaliste s'est fait virer pour une insolence trop appuyée à l'encontre d'une tête couronnée.

Contre-performance d'un de nos champions sportifs : moue d'impuissance dénonçant une injustice. Encore une fois, notre avant-centre a été « privé de ballon », notre décathlonienne victime d'une erreur d'arbitrage.

Lancement réussi d'une fusée Ariane à Kourou : exaltation, mouvement de menton, extase. La fiabilité de la technologie française vous remplit de fierté.

Vous recevez sur votre plateau, dans votre studio, un responsable politique important, un grand chef d'entreprise, une vedette de l'écran : quart de sourire de connivence à la PPDA, sous-entendu : « On se vouvoie à l'antenne, mais on se connaît à mort. »

Annonce d'attentats dans le monde arabe : incompréhension navrée.

Naissance d'un bébé zébu au zoo de La Ferté-sous-Jouarre : émerveillement attendri.

Zinedine Zidane quoi qu'il fasse (coup de boule, publicité pour un antitranspirant) : regard éperdu d'adoration, admiration sans borne, allégeance totale, on t'aime Zizou !

Hausses traditionnelles du mois de juillet, gaz, ticket de métro, tarifs SNCF : haussement de sourcils, d'épaules, bras écartés en signe d'impuissance mais malgré tout bon sourire parce qu'on part en vacances.

Fait divers horrible, décapitation d'un cul-de-jatte, voiture folle dans un hospice de vieux, explosion meuh meuh à la cartoucherie Garbeau : expression d'extrême abattement : « C'est une bien triste nouvelle », relevée d'un regard de colère : « Que fait la police ? » (Il faudra que les responsables paient.)

Résumé de la leçon

Ce n'est pas parce que le journaliste doit être proche de son lecteur qu'il est obligé de le fréquenter. Faut quand même pas pousser !

Leçon 11

OBJECTIVEMENT, PEUT-ON ÊTRE OBJECTIF ?

Ha, ha, ha ! Tarte à la crème de la profession, sujet de BEPC, phrase creuse pour débat mou, la question mérite à peine d'être évoquée. Cédant néanmoins aux insistantes questions de nos jeunes apprentis confrères, nous ne nous déroberons pas.

Premier constat, on prétend que le journaliste ne peut être objectif car il a sa subjectivité propre, ses préférences, ses idées. Faux ! Le journaliste n'a aucune idée. Il ne risque donc pas de vouloir les imposer à d'autres. Et c'est tout à son honneur.

Mais ne risque-t-il pas alors d'être manipulé par d'autres qui eux non seulement ont des idées mais encore de l'idéologie, sans compter de puissants moyens de pression ? On pense bien sûr au patronat, à l'Opus Dei, aux francs-maçons, aux sectes sataniques et dans une moindre mesure aux syndicats d'enseignants. Le journaliste est-il armé pour se soustraire à ces puissants lobbies ? Osons le dire : non. Et c'est tout le problème.

Voilà pourquoi justement nous écrivons ce livre. Pour dire à tous nos futurs confrères comment échapper à l'engrenage humiliant des compromissions, des renoncements, des petits services.

Rester objectif ? On s'en moque ! L'essentiel est de ne jamais prendre parti, de ne jamais choisir son camp ou, en tout cas, jamais le camp qui peut vous attirer des ennuis.

Voici nos conseils et techniques...

Le renvoi dos à dos

Le journaliste se place dans une sorte de centre idéal, il prône la sagesse, le bon sens, le dialogue. Il déplore les excès des uns et des autres.

Exemple :

Un conflit social éclate aux Docks du Midi où l'on jette à la mer, on brûle et on séquestre... Le journaliste condamne avec prudence les violences des grévistes mais aussi la rigidité provocatrice de l'employeur sourd aux revendications légitimes des travailleurs.

Il y a renvoi dos à dos.

Autre exemple :

Ben Laden détourne deux avions civils et les envoie s'écraser sur les tours du World Trade Center – 3 000 morts – ce qui provoque l'envoi de troupes américaines en Afghanistan et ailleurs. Le bon journaliste condamne dans un premier temps l'acte barbare d'Al-Qaida, appelle à la solidarité avec l'Amérique puis il s'interroge. Pourquoi cette tragédie ? Les Américains – en journaliste on dit les « États-Uniens » – ne sont-ils pas en partie responsables – en journaliste on dira « responsables quelque part » – de ce qui leur est arrivé ? L'« arrogance de l'hyperpuissance américaine », le « déséquilibre Nord-Sud », la « totale méconnaissance » qu'ont les Occidentaux de l'islam et du monde musulman n'expliqueraient-ils pas bien des choses ? Bref, tout doucettement, le journaliste suggère que George Bush partage avec Ben Laden la responsabilité de l'effroyable carnage.

Il y a renvoi dos à dos.

Encore un exemple :

Après s'être partagé une bourriche d'huîtres, trois campeurs néerlandais sont hospitalisés d'urgence au CHU le plus proche, service « Tourista et fièvre ». L'un d'eux clapote, les deux autres survivotent. Le professionnel des médias incrimine fermement les huîtres suspectes – en journaliste on dira « mollusques tueurs » –, puis il invoque le principe de précaution et conseille à tous les visiteurs étrangers de se rabattre plutôt sur les moules. Mais il n'oublie pas pour autant le drame des ostréiculteurs privés de leur gagne-pain en pleine saison touristique. Les tests opérés par les services sanitaires de la préfecture sont-ils bien valables ? Ne « stigmatise »-t-on pas toute une filière ? En l'absence de conclusions scientifiques définitives, le journaliste se garde bien de choisir entre ostréiculteurs et pouvoirs publics.

Il y a renvoi dos à dos.

Dans ces trois cas, trois sujets sensibles, le journaliste a su rester neutre et raisonnable... Qui osera dire qu'il n'a pas été objectif ? Mais la technique a malheureusement ses limites.

Savoir prendre ses responsabilités

Il existe des sujets où il faut prendre parti. C'est une façon pour le journaliste de montrer qu'il est capable d'oser, de s'engager avec courage et résolution, et tant pis si ça ne plaît pas à tout le monde ! – en journaliste on dira : « rien à cirer de la pensée unique ! »

Le journaliste libre de sa parole dira franchement qu'il est contre :

– l'été pourri,
– le cancer,
– la violence routière.

Sur le dernier point toutefois une réserve s'impose. On peut condamner l'alcoolisme au volant sans « humilier » pour autant les alcooliques. N'oublions pas qu'il y a de nombreux alcooliques parmi les lecteurs, auditeurs, téléspectateurs, et plus encore parmi les journalistes !

> ***Comment distinguer un journaliste couché d'un journaliste courageux ?***
>
> Ce n'est pas évident. Prenons un exemple concret : un journaliste pose une question à un homme politique. Il n'obtient pas de réponse et passe à la question suivante. C'est un journaliste couché.
>
> Un autre journaliste pose une question à un homme politique. Il n'obtient pas de réponse. Il pose à nouveau la question. Toujours pas de réponse. Il passe alors à la question suivante... Voilà un journaliste courageux. Il a osé insister mais dans les limites de la courtoisie française. Un beau professionnalisme !

Prendre parti pour ne pas prendre de risques

Il y a hélas des circonstances où le journaliste ne saurait rester impartial, continuer de juger les uns et les autres du haut de son autorité morale. Il lui faut au contraire se retrousser les manches, descendre dans la mêlée, prendre parti, peser sur un des plateaux de la balance. Pourquoi ? Parce qu'il a beau être courageux, le journaliste est un homme comme tout le monde, il n'a aucune envie de s'en prendre plein la figure.

Exemple :

Un délinquant de 38 ans – en journaliste on dira un jeune –, au volant d'une Mégane volée, renverse un policier à un barrage routier. Le journaliste sans hésiter prend le parti du jeune. Il parle d'incident, de psychose sécuritaire, il cherche de toutes les manières à dédouaner le chauffard. En revanche, si un policier avait renversé un jeune, il aurait parlé de bavure, de raciste antijeunes et aurait vivement critiqué la police. L'explication ? Le journaliste n'a rien à craindre des policiers qui ne débarqueront pas chez lui pour le passer à tabac. *A contrario*, s'il disait du mal du jeune, celui-ci et ses copains pourraient parfaitement lui casser la gueule ou lui caillasser sa voiture. Le réflexe de survie l'emporte.

Autre exemple :

Des agriculteurs, pêcheurs ou viticulteurs en colère mettent à sac et brûlent une sous-préfecture, causant des millions d'euros de dégâts. Faut-il traiter les émeutiers de « barbares », de « sauvages », de « vandales » ? Non. Surtout pas. Le bon journaliste, qui ne tient pas à voir déversées sur son palier deux tonnes de fumier frais fumant, s'efforcera de minimiser les responsabilités des casseurs. Il parlera d'un « coup de colère », voire d'un bénin « mouvement de grogne ».

Encore un exemple pour que vous compreniez bien :

Un kamikaze du Hamas se fait exploser sur un marché, provoquant de nombreux morts et blessés. Le journaliste en rapportant ce fait regrettable veillera à ne pas appeler le forcené « terroriste » mais résistant. En effet, les proches des victimes de l'attentat ne risquent pas de venir lui demander des comptes, alors qu'avec le Hamas, allez savoir !

Tout de même, objectera-t-on, le Hamas est répertorié comme une organisation terroriste par les plus hautes instances européennes, par l'ONU. Dire que ses membres sont des résistants, n'est-ce pas risquer pour le journaliste de prendre ses lecteurs à rebrousse-poil, voire de les écœurer et de les perdre ? Si, bien sûr, mais ce n'est pas grave. De toute façon, les gens ne lisent plus les journaux, alors pourquoi se préoccuperait-on de ce qu'ils pensent ?

Il est temps de bien comprendre une chose, ami débutant : le journaliste ne travaille pas pour ses lecteurs mais pour ses confrères. Pour être d'accord avec eux. L'important est de dire comme les autres, tous pareils, pas une tête qui dépasse, un seul bloc !

Résumé de la leçon

Qu'on arrête de nous bassiner avec ces histoires d'objectivité à la gomme ! Le journaliste n'est pas là pour être objectif, il est là pour être d'accord avec ses confrères.

Leçon 12

CONSEILS, TRUCS ET ASTUCES

Parvenu à ce point de sa lecture, l'apprenti journaliste, tel l'oisillon prêt à s'élancer hors du nid, possède le bagage nécessaire pour commencer à exercer son métier... Il en sait autant qu'un autre et peut-être même davantage, car il n'a pas encore acquis les mauvais réflexes liés à l'habitude, il n'est pas encore blasé, il en veut, il y croit... Du moins nous l'espérons. Nous pourrions donc conclure ici, refermer ce livre et aller boire une bière, mais dans un souci de perfectionnisme, et fidèle à la tradition maison qui consiste à en donner toujours un peu plus pour le même prix, voici une ultime salve de quinze conseils, pareille au bouquet final d'un feu d'artifice...

Ne craignez pas d'avoir recours à des concepts massifs

Des phrases comme : « Le monde musulman condamne les propos du pape Benoît XVI » ou encore : « Ce que veulent les Français... » sont admises en langage journaliste... Il est bien clair que le monde musulman est complexe à l'extrême, divisé entre chiites et sunnites, traditionalistes et modernistes, arabes et persans, il est tout aussi clair que les Français ne veulent pas tous la même chose, mais c'est sans importance... Si on commence à entrer dans ces subtilités, on n'en sort pas !

L'homme de média confirmé ira même jusqu'à inventer des concepts qui n'ont pas la moindre réalité, comme par exemple « la machine à perdre » (véritable malédiction du Parti socialiste) ou encore « l'opinion publique internationale », à laquelle on fait dire tout et n'importe quoi.

Exemple :

« L'opinion publique internationale plébiscite la politique sociale du gouvernement français. » On n'y croit pas une seconde ? C'est complètement idiot, absurde, ça n'a aucun sens ? Et alors, l'œil du lecteur a saisi la phrase, il y a eu impact rétinien.

N'hésitez pas à victimiser les Français

Le lecteur moyen est un paranoïaque qui s'ignore ; si l'on ne veut pas le perdre, il faut flatter – sans vergogne et sans relâche – son sentiment de persécution.

Zidane donne un « coup de boule » à un joueur italien lors de la finale du mondial de foot ? Zizou, un petit agneau bêlant et doux, n'a pu agir comme cela sans raison. Il a été victime d'une agression raciste !

Paris voit les JO de 2012 lui passer sous le nez ? Pourtant, la ville avait les meilleurs atouts, les meilleurs attraits... Les Anglais ont effectué un lobbying scandaleux !

Personne ne veut démanteler notre vieux et fier porte-avions *Clemenceau* sous prétexte qu'il est bourré d'amiante ? On fait payer à la France son avance technologique.

N'oubliez pas de rendre un hommage appuyé aux lectrices

Qui constituent comme on sait l'essentiel de la clientèle de presse, tous médias confondus. Ne rechignez pas à féminiser votre style, à passer de la pommade au-delà de toute décence : pour le journaliste, la femme est davantage qu'un être humain, c'est une être humaine.

Trouvez des boucs émissaires

La façon la plus simple de traiter les sujets les plus complexes, sans se fatiguer ni chercher midi à

14 heures. Quel que soit le sujet, rendez donc responsable l'un des boucs émissaires suivants : la mondialisation, la globalisation, le réchauffement climatique, la pensée unique, le passage au tout numérique, la grande distribution, les déclinologues, l'autoflagellation, ce mal français, la hausse des prix du pétrole, la hausse du dollar, la baisse du dollar, George Bush, l'argent facile, les marchés financiers, l'individualisme forcené des Français, le je-m'en-foutisme des jeunes, la démission des parents... Si avec tout cela vous n'arrivez pas à torcher deux pages – en journaliste on dira deux feuillets – pour dénoncer les vrais coupables de la crise, alors changez de métier !

Allez au plus simple

Vous ne savez plus si Pointe-à-Pitre est la capitale de la Martinique, la Guadeloupe, la Réunion, la Guyane ou la Nouvelle-Calédonie ? Ne vous cassez pas le tronc à aller fouiner sur Internet, à ouvrir *le Robert* des noms propres, à demander l'avis de Harry Roselmak, dites simplement que Pointe-à-Pitre est « une pittoresque bourgade d'outre-mer où les riches couleurs des boubous des femmes font comme un contrepoint chaleureux à l'odeur safranée des langoustes ».

Personne ne dira le contraire.

Jouez le coup de bluff

Vous ne savez pas grand-chose d'un sujet et vous ne voulez pas que ça se devine ? Usez du « on va dire » ! Exemple : *Le Cid* est une pièce de... on va dire théâtre... Le « on va dire » donne le sentiment que vous voulez faire court, que si vous aviez davantage de temps vous seriez intarissable et débordant de science à propos du *Cid*, mais malheureusement, avec la vie qu'on mène, on n'a plus le temps de rien ! Grâce à la prise de distance du « on va dire », vous avez masqué le fait que vous ne savez absolument pas qui a écrit *Le Cid*, bien qu'il vous semble, quelque part, que c'est vaguement Racine.

Placez des formules dynamiques

Le journaliste *new look* n'aura aucun scrupule à écrire ou à dire des choses comme : « Le bras de fer rebondit à Téhéran » ; ça ne signifie rien, c'est à peine français, mais quel punch !

Autre formule magique qui permet de couper court aux longues explications : le « soudain tout a basculé ». Pourquoi y a-t-il eu basculement, comment, au terme de quelle évolution ? On s'en balance, l'essentiel réside dans le mouvement de bascule lui-même – qui rendra compte aussi bien d'un coup d'État en Thaïlande, d'un accord surprise entre le Medef et la Caisse d'allocations familiales que du braquage d'une agence bancaire à Montigny-les-Charbons.

Subtilité : le basculement peut s'opérer selon des rythmes plus ou moins rapides. « En un jour, tout a basculé », « En deux semaines tout a basculé », « En six mois tout a basculé »... La formule est omnisport.

Sortez la formule joker

C'est une petite phrase qui s'adapte à tous les sujets, qu'on peut placer aussi bien en attaque d'un article qu'en conclusion, et qui fait toujours son effet.

Un papier sur la Comédie-Française ? Dites ou écrivez : « Réveille-toi, Molière, ils sont devenus fous ! »

Un papier sur le Parti communiste ? « Réveille-toi, Lénine, ils sont devenus fous ! »

Sur les petits déjeuners ? « Réveille-toi, Banania, ils sont devenus fous ! »

Sur le rock ? « Réveille-toi, Elvis, ils sont devenus fous ! »

Sur les antiques volcans d'Auvergne : « Réveille-toi, Giscard, ils sont devenus fous ! »

Informez même sans info

Le journaliste qu'on se dispute dans les rédactions, qu'on s'arrache, qu'on rêve d'embaucher est celui qui est capable de mouliner l'actualité, imperturbablement, sans disposer de la moindre information. Mission impossible ? Pas du tout. Exemple : « En l'état actuel de leurs investigations, les enquêteurs n'excluent aucune hypothèse... » Dans cette phrase, il n'y a pas l'once d'une information, pas un détail nouveau, rien à apprendre ! Et pourtant ça fait sérieux, ça tient la route, c'est un must de la profession. La preuve : on l'entend chaque soir au 20 heures !

Onzième précepte :

CE N'EST PAS PARCE QU'IL NE SAIT RIEN QUE LE JOURNALISTE DOIT GARDER LE SILENCE

Bien au contraire. Le simple fait de ne pas savoir est une information en soi. Le Français moyen s'interroge et s'inquiète : Bon sang, pourquoi ne sait-on rien ? C'est sans doute qu'il y a beaucoup à savoir...

Douzième précepte :

L'IMPORTANCE D'UNE INFO EST INVERSEMENT PROPORTIONNELLE À CE QU'ON EN SAIT

En ne sachant rien, le journaliste dit au lecteur : On nous cache quelque chose. Il y a au moins magouille, et sans doute même complot !

Ayez les arguments chocs

Journaliste professionnel, vous serez forcément appelé à participer à des débats à la radio ou à la télévision, sur les sujets les plus divers, politique internationale, société, famille, pouvoir d'achat... Voici, en toutes circonstances, les trois arguments que vous devrez opposer avec fermeté à vos adversaires :

– Je ne vous ai pas interrompu.
– Je vous ai laissé parler.
– Laissez-moi finir, je vous en prie.

Contentez-vous de répéter de façon quasi obsessionnelle ces trois formules, soyez agité et spectaculaire, créez un brouhaha qui vous évitera d'avancer tout autre propos – vous pourriez le regretter par la suite. Retenez ceci : moins vous en direz, moins vous direz de conneries. Et plus on vous réinvitera.

CQFD.

N'ayez pas peur de tirer à la ligne

Surtout si vous êtes payé au feuillet. Il y a de nombreux sujets qu'il faut légèrement « gonfler » pour les rendre acceptables – en journaliste on dira qu'il faut « souffler dedans ». On aura recours sans économie aux formules creuses et ampoulées du style : force est de constater, vous n'êtes pas sans savoir, tout se passe comme si, reste à souhaiter, il n'en reste pas moins, toutes choses étant égales par ailleurs, même le pire n'est jamais sûr, si ça continue il faudra que ça cesse...

Osez l'arnaque suprême

Quel que soit le sujet que vous avez à traiter, et surtout quelle que soit la réalité effective de votre travail, assénez froidement : « Nous avons enquêté pour vous... »

Proposez des sujets originaux

Surprenez le lecteur, donnez-lui le sentiment de la nouveauté.

Exemple :

C'est les vacances, je me détends à la plage avec des amis, on s'amuse, on rit beaucoup... Le sujet ? Non, ce n'est pas le sempiternel « Comment ne pas bronzer idiot ? », c'est au contraire : « Quand on rit sur la plage, risque-t-on d'attraper des coups de soleil sur les gencives ? »

Autre exemple :

Tous les géophysiciens s'accordent à le dire : les continents bougent et dérivent. Mais le bon sujet n'est pas : « Secrets et séductions de la tectonique des plaques », ce serait plutôt : « Quand on fait de la navigation de plaisance, peut-on être heurté par un continent à la dérive ? »

Là, vous êtes proches des gens, là vous les intéressez !

N'ayez pas l'air ringard

Privilégiez toujours la dernière formule à la mode et utilisez-la sans compter, quel que soit le sujet. On a eu la génération Mitterrand, la génération Roller, la génération Black-Blanc-Beur, ayez maintenant la métisse attitude, la wi-fi attitude, la star ac' attitude !

Titrez sympa

Sans tomber dans le calembour systématique à la *Libération*, un peu d'humour ne fait pas de mal pour rendre plus humaines des informations souvent âpres et cruelles. L'important est de ne jamais sombrer dans la vulgarité ou l'outrance !

Exemple :

Incendie au foyer des anciens combattants; titrez : « Les gueules cassées font la grimace. »

Autre exemple :

Drame à la cantine scolaire Pierre-Desproges de Montigny-les-Charbons, l'assistant cuisinier bascule dans la marmite de chou bouilli ; titrez : « Il est parti en potée. »

Finissez en beauté

Inondation, incendie, coup d'État, camp de réfugiés... Après les images dures, les infos rudes, offrez un réconfortant sourire au public. Dans le Zodiac des militaires qui l'évacuent, dans l'hélico de la Croix-Rouge, dans les décombres encore fumants, la jeune maman de service met au monde son bébé. C'est la conclusion heureuse certifiée heure de grande écoute.

Chacun, revigoré, reprend une tranche de gigot. Vous avez fidélisé l'auditoire.

> *Conseil aux interviewés*
>
> Tout journaliste au cours de sa carrière est amené à être lui-même interviewé pour peu qu'il publie un livre ou qu'il échappe à ses ravisseurs après soixante-quatre jours de prise d'otage... Le confrère est flatté. Ce qu'il ignore souvent c'est que sur les quatre ou cinq minutes que va durer l'interview, seules trente secondes passeront à l'antenne après montage, et pas forcément les meilleures ! Si vous avez une idée à faire passer, répétez-la en boucle, tenez bon, n'ajoutez rien. Ils l'auront dans l'os !

Résumé de la leçon

Dénué de connaissances, pas plus malin qu'un autre, souvent malingre et peu endurant, le journaliste semble une proie facile sur le marché

de l'emploi. De « charrette » en plan social, il est sans cesse promis au chômage, annoncé à l'antenne locale de l'ANPE... Heureusement, le journaliste dispose pour conserver ses lecteurs et son job de tout un arsenal de ruses.

Leçon 13

LES SUJETS, LES ANGLES, LE SECRET DE L'AUGMENTATION DES VENTES

Coluche – en journaliste on dira Michel Colucci – disait que, quand on n'a rien à dire, on n'a qu'à fermer sa gueule. C'est malheureusement un confort qui est interdit aux journalistes... Payés – et souvent fort mal – pour « pisser de la copie », tenir l'antenne, animer le plateau, l'homme de média est condamné à parler, à écrire, sans arrêt, c'est comme une malédiction. Et c'est ce qui explique qu'il dise autant de c..., de banalités, qu'il se répète, qu'il nous assomme, qu'il nous pousse au zapping... Entendons-nous : il ne s'agit pas de trouver des excuses au journaliste ou au futur journaliste, mais de lui tendre une main fraternelle, de l'aider à saisir toujours et partout le petit sujet chic, l'angle populaire, l'accroche qui fait tilt.

Il n'y a pas de mauvais sujet

Être journaliste ce n'est pas s'intéresser à des sujets passionnants, c'est réussir à passionner le public pour des sujets sans intérêt.

Exemples de sujets sans intérêt :

– la parité ;
– l'Europe ;
– le trou de la couche d'ozone ;
– l'affaire Dominici ;
– le réchauffement climatique ;
– la corrida ;
– les cosmétiques pour hommes ;
– la retraite des baby-boomers ;
– les universités d'été des partis politiques ;
– les accidents domestiques ;
– les mannequins trop maigres.

Confrontés à ces questions navrantes, bien des confrères ont mis genou à terre, accouchant de pénibles synthèses reléguées en pages creuses. Il y avait pourtant mieux à faire... Il suffisait de trouver le bon angle !

Exemples de bon angle :

– Trou de la couche d'ozone : peut-on le boucher avec du plaxmol ?
– Corrida : bientôt une feria boulevard Haussmann ?

– Europe : de Tallinn à Zagreb, le top ten des boîtes échangistes.

– Affaire Dominici : aujourd'hui « le vieux » serait à Guantanamo !

– Cosmétiques pour hommes : Au secours mon mec s'épile !

– Parité : des députés tout feu tout femmes.

– Réchauffement climatique : tous à poil au bureau ?

– Retraite des baby-boomers : ça va saigner pour les seniors.

– Universités d'été des partis : qui couche avec qui ?

– Accidents domestiques : faudra-t-il faire la cuisine avec un gilet pare-balles ?

Voilà autant d'articles que le lecteur dévorera avec appétit, pourvu qu'ils soient bien pimentés !

Le miracle des marronniers

Il existe, c'est à peine croyable, des sujets apparemment insauvables, ennuyeux, déjà vus et revus – en journaliste on dit : « les marronniers » –, sur lesquels pourtant le public se jette de six mois en six mois, comme s'il les découvrait pour la première fois ! Ce sont les bouées de sauvetage de la profession, les échelles de secours des rédactions en péril, le SAMU de la presse.

La liste de ces marronniers salvateurs est un secret jalousement gardé par chaque directeur de publication, qui la transmet sur son lit de mort au successeur désigné par les actionnaires... Parfois, présumant de ses forces, l'agonisant a trop tardé, il ne parvient pas à souffler la précieuse recette et s'éteint à mi-liste ; c'est une perte considérable pour le groupe, un jour d'affliction bientôt suivi de plans sociaux et de licenciements massifs. On est en plein travail de deuil et ce n'est pas près de finir...

Pour la première fois, en dépit des menaces sur nos personnes et nos familles, nous avons décidé de rompre l'odieuse loi du silence, l'omerta de la commission de la carte.

Voici la liste intégrale des marronniers :

– Mal de dos, mal du siècle ?
– Pourquoi dort-on si mal ?
– Les vrais prix de l'immobilier.
– Salaire des cadres : êtes-vous bien payé ?
– Spécial maigrir : cinq kilos de moins d'ici l'été.
– Les réseaux secrets des francs-maçons.
– Le classement des meilleurs lycées.
– Le classement des meilleurs hôpitaux.
– Où vit-on le mieux en France ?
– Que mangerons-nous demain ?
– Le vrai pouvoir des sectes.
– La vérité sur les médecines douces.

À ces douze sujets qui constituent la clé de la réussite des plus grandes entreprises de presse, on peut encore ajouter les deux supermarronniers qui ont fait la fortune de Rupert Murdoch, Silvio Berlusconi et Axel Ganz :

– Seriez-vous mieux payé si vous aviez moins mal au dos ?
– Que mangent les francs-maçons ?

> *Le « placard », une solution valable ?*
>
> Souvent présenté comme une sanction, une brimade, la « mise au placard » n'a pourtant pas que de mauvais aspects... C'est l'occasion enfin de poser la plume, de tomber le stylo, de raccrocher le micro. Plus rien à dire, plus rien à faire ! Le confrère « placardisé » a enfin le temps de s'informer, de lire le journal, et c'est toujours un choc dont il se remet mal. Souvent, il ouvre un restaurant.

À chaque saison ses sujets (titre difficile à prononcer ; à répéter dix fois pour les futurs animateurs radio)

Le client des médias apprécie qu'on lui serve son info à date fixe, comme on lui sert son steak-frites chaque jour à la même heure. Il y a donc un rythme à respecter, un cycle des sujets... En sortir est courir à la mévente – en journaliste on dira « au bouillon ».

Le néophyte gagnera à s'inspirer des séquences d'informations ci-dessous :

Sujets d'automne

La rentrée littéraire (687 romans !), les champignons sont de retour (attention à l'omelette qui tue !), ouverture de la chasse (évitez les promenades en forêt), les marrons sont au rendez-vous (trois euros le cornet, il y a de l'abus), la grande expo Matisse ouvre ses portes (deux heures de file d'attente minimum), défilés de la collection printemps-été (Catherine Deneuve toujours en Yves Saint Laurent), la rentrée sociale (préavis de grève à la SNCF), la rentrée des classes (le cartable de plus en plus lourd, de plus en plus de cas de scoliose chez les écoliers)...

Sujets d'hiver

La course aux cadeaux de fin d'année (n'attendez pas le dernier moment), les premiers verglas (carambolage monstre sur l'autoroute du nord), sapins de Noël (méfiez-vous des guirlandes qui prennent feu, une dinde grillée ça suffit), réveillon de la Saint-Sylvestre (le prix des chapons s'envole, gare aux bouchons de champagne dans l'œil !), vacances d'hiver (y aura-t-il de la neige ?), avalanches mortelles (il y a eu de la neige !) ski hors piste (les sauveteurs en ont ras le bol), accident sur le Dakar (les villageois étaient trop près de la route), SDF mort de froid dans la rue (le Secours catholique distribue des polaires), augmentation de la facture énergétique (les Français se chauffent trop)...

Sujets de printemps

Squatts évacués *manu militari* (les expulsions peuvent reprendre), passage à l'heure d'été (vaches, vieillards et nourrissons sont déboussolés), un jardin sur mon balcon (c'est le moment de planter ses bulbes), Festival de Cannes (la sélection française encore très décevante mais Sophie Marceau plus ravissante que jamais), Roland-Garros (plus aucun Français en huitième de finale), les femmes se découvrent (Dieu qu'elles sont belles !), grand retour des fruits rouges sur la table des Français (les fraises ont un goût de flotte, les cerises sont hors de prix)...

Sujets d'été

Menace de canicule pire qu'en 2003 (les Français se ruent sur les brumisateurs, plus un ventilateur chez Darty), tournée avec une équipe du Samu chez les vieillards qui n'osent plus sortir de chez eux (Avez-vous pensé à boire, madame ? Il faut penser à boire, madame, même quand on n'a pas soif), descente « coup de poing » avec les services d'hygiène dans les cuisines des restaurants de la Côte d'Azur (poissons congelés, décongelés, recongelés, merguez limites, beignets rances, épidémie de gastro, les procès-verbaux pleuvent), le grand retour des soupes glacées (la « folie gaspacho »), la danse de l'été (après la lambada, la fous-la-moi !), les amours de vacances (attention MST !), le traditionnel chassé-croisé des juilletistes et des aoûtiens (des centaines de kilomètres de bouchon !)...

En bonus pour nos lecteurs, un reportage clé en main, réutilisable chaque année

« Eh bien, oui, bison futé avait prévenu, la journée serait rouge. Certains pourtant, impatients de goûter au charme des plages ont choisi d'ignorer les consignes de patience et se sont élancés sur les routes. À défaut de sable, ils ont rencontré les embouteillages comme la famille Choufflard :

— On est en plein embouteillage, on est partis quand même ce matin, et maintenant ça fait cinq heures qu'on est là coincés à trois kilomètres de Trappes.

D'autres prennent leur mal en patience :

— On n'est pas pressés, on est en vacances... Ha, ha, ha, on est à la troisième partie de belote, y manque que le pastis !

Les Chavrolles, eux, ont préféré peaufiner leur panier-repas :

— Plutôt qu'aller se coincer sur les routes, on se prépare un bon pique-nique...

De toute manière la météo a prévu du soleil pour la semaine à venir, alors il y a en aura pour tout le monde... À l'arrivée ! »

Signalons qu'il existe tout de même des sujets intersaisons pouvant être exploités à tout moment de l'année : l'attaque de fourgon blindé et son fameux titre : « Des convoyeurs tirés comme des lapins », le scandale des stock-options (« Pour avoir échoué le patron naufrageur touche des millions d'euros ! »), les émeutes dans les banlieues (« Il ne faut pas confondre islam et islamisme »), le tourisme sexuel (« Encore un Hollandais arrêté à Bangkok ! »), les promesses de baisse d'impôts (« On en parle beaucoup, on ne voit jamais rien venir »), etc.

Ayez le réflexe conditionné du journaliste

Il n'est pas toujours utile de se creuser la tête pour trouver le bon angle... Avec certains sujets, c'est automatique, l'angle s'impose de lui-même :

– Immobilier : c'est le moment d'acheter;
– Festival d'Avignon : scandale;
– Vin rouge : excellent pour le cœur;
– Monde arabe : humilié;
– Camping : évacué d'urgence;
– Grille de rentrée des animateurs télé : chaises musicales;
– Rentrée scolaire : effectifs insuffisants, manque de moyens·
– Sarkozy : pète les plombs;

– Violence routière : les Français enfin raisonnables ?

– Prix littéraires : magouille et compagnie ;

– Attentat à Bagdad : le peuple irakien n'en finit pas de payer l'erreur de George Bush ;

– Nucléaire iranien : laisser le temps au dialogue ;

– Ascenseur social : en panne ;

– Chômage : embellie ;

– Président des États-Unis : un idiot (Carter marchand de cacahuètes, Reagan acteur de série B, Bush fils à papa alcoolique, pas un énarque !) ;

– Relais 4 × 100 : quel dommage !

– La France éliminée en demi-finale : à deux doigts du bonheur ;

– OGM : principe de précaution ;

– Hip-hop, rap, slam : la poésie vient de la rue ;

– Cinéma français : une exigence de qualité ;

– Journalistes : l'oxygène de la démocratie ;

Résumé de la leçon

En matière de presse, il y a peut-être des mauvais sujets. Mais il y a beaucoup plus de mauvais journalistes. (Confucius)

Conclusion

À présent, vous voici journaliste. Comme tout le monde. Bravo. Et si vous n'êtes pas encore très sûr de vous, c'est normal, ce n'est pas bien grave... Surtout qu'à l'heure du « tout virtuel » les lecteurs eux-mêmes sont devenus virtuels. On ne sait plus où ils sont ! Si vous en voyez, n'hésitez pas à nous le faire savoir.

En attendant, vous pouvez écrire, dire, montrer ce que vous voulez, personne ne s'en apercevra.

Jamais le journaliste n'a été aussi libre

SI VOUS NE DISPOSEZ QUE DE 45 SECONDES RETENEZ CE QUI SUIT

Les douze préceptes du journalisme

Simplifier et exagérer.

Toujours privilégier le bon côté des choses.

Le lecteur ne doit jamais avoir à ouvrir un dictionnaire.

Ne pas humilier son lecteur.

Quel que soit le sujet, être anti-Bush.

Le journaliste a intérêt à soigner les attachées de presse. Quand il sortira lui-même un bouquin il sera content de les trouver les petites biquettes.

Le journaliste ne tient pas compte de la morale et du bon sens. Pour l'assistante sociale, adressez-vous à Emmaüs !

La manchette d'un article doit avoir l'effet d'une manchette à la gorge.

Quelle que soit la phrase, ou l'article, mieux vaut pas d'idée du tout que deux idées d'un coup.

Plus vous êtes léger en info, plus vous devez être léger en style.

Ce n'est pas parce qu'il ne sait rien que le journaliste doit garder le silence.

L'importance d'une info est inversement proportionnelle à ce qu'on en sait.

TABLE

Cet ouvrage a été composé et imprimé par

FIRMIN DIDOT

GROUPE CPI

Mesnil-sur-l'Estrée

pour le compte de NiL Éditions
24, avenue Marceau, 75008 Paris
en février 2007

Imprimé en France
Dépôt légal : mars 2007
N° d'édition : 47511/01 – N° d'impression : 82064